不被認同 ／ 才與眾不同。

Alizabeth
娘娘

林正輝 ——— 著

艾格 ——— 撰文

Difference is born
of Disapproval

สวัสดีค่ะ, ฉันชื่อ 娘娘, 林正輝, Alizabeth。

薩瓦迪卡，我是娘娘，林正輝，*Alizabeth*。

Contents
目錄

Contents
目錄

Part I

我身邊的人們

每個人對家庭的定義不一樣，

我們沒辦法選擇家人，

他們想的跟我們想的不見得一樣，

我們的意見也不會總是相同。

我爸有時候很不可愛

我不知道大家對爸爸的印象是什麼，但我以前有時候很不喜歡我爸。

我爸以前身材跟我很像，胖胖的，雖然身材不好，卻很有自信。他總是拿自己的身材跟朋友開玩笑，從來不會因為自己胖就很自卑或很低調，反而很清楚自己長得不好看，這我倒是受他影響滿深的。

而且我爸也是一個很做自己的人，不太在意別人眼光。跟他一起走在街上，他只要心情好就會開始大聲哼歌，這時候旁邊不是沒有人喔！路人來來往往，也不管，唱得超大聲！

他也不是一個嚴肅的人，甚至喜歡看別人笑話，去餐

廳吃飯，會開服務生玩笑，也很愛看別人出糗。例如，吃飯吃到一半，他會突然跟我們說：「欸欸欸，你看那邊那個男生，剛剛講話講到口水快滴下來。」然後，自己笑得很開心。

　　還有一次，他看到一群人聊天，突然轉頭小聲說：「你看那個在講話的人，講話都沒人要接，然後就自己幫自己接話了。」接著又笑得很開心。我爸就是一個會這樣取笑別人的人，所以當有人問我爸會不會很正經，我都說不可能，「正經」這兩個字不會在他身上出現。

我覺得爸爸很厲害

　　光要養四個小孩，而且讓我們衣食無缺，就覺得我爸已經很厲害了，但事實上，他比我說的厲害，還要厲害多了。

　　他是做日本二手汽車零件進口的工作。以前我們家在曼谷是住在類似台北大安區的地方，後來搬去類似內湖的地方，但我覺得離市區很遠。

　　我們家會請人打掃、煮飯，從小想要什麼，就會有什麼，只要開口，我爸都會給。例如，跟他要零用錢，從來不會不給。所以，我很感謝他給我這麼好的生活，我認真很慶幸自己是他的小孩。

為什麼要喝酒？

　　以前因為被灌輸佛教思想，要遵守五戒——不殺生、不偷盜、不邪淫、不妄語、不飲酒。所以，我覺得會喝酒的人就是不好，當爸爸喝酒，我就很不喜歡他，而且一喝酒就變得很不可愛。

　　他通常會跟員工在家喝，員工住我們家樓上，他會把員工叫下樓一起喝酒，有時候自己也會喝。通常只要一喝酒，就會喝醉，一旦喝醉，講話就會變得很大聲，而且亂講話，亂講什麼話我是不記得了，但當時只要聽到他又開始大聲地瘋言瘋語，我就很受不了。

　　不只我受不了，我媽也受不了，她也不喜歡我爸喝酒，但是不會自己勸，而是叫我去跟爸爸說不要喝酒。我猜

可能心想爸爸會看在小孩的份上，收斂一點吧。但是並沒有！我反而很不喜歡被叫去跟爸爸說這些，因為爸爸渾身酒氣、喝醉的樣子我很不喜歡。

也因為喝酒，加上我自己信仰佛教，我一直對會喝酒的人沒有好印象，直覺把喝酒跟壞小孩連結在一起。而且我哥也會喝，更加深這個想法。我以前可是以當老師為目標的人，要是愛喝酒，怎麼給學生好榜樣，如果不喝酒，就可以很有自信地跟學生說：「你看老師都不喝酒的。」

之後，有可能是生命經驗的累積，也有可能是對佛教的信仰變得沒有那麼強烈，我慢慢學會尊重別人，不隨便給別人貼標籤，也不要侷限自己認識的世界。我發現，別人要喝酒是他們的權利，喝酒並不能全面代表一個人的人格或為人，我現在不討厭喝酒的人，也不排斥喝酒，只是即便如此，仍找不到喝酒的理由。

因為別人要喝那是他們的事，跟我無關，但是對我個人而言，實在沒有必要把自己灌醉。喝醉的樂趣到底

在哪？讓自己不省人事，甚至亂發脾氣、打人、吐個半死，隔天還會頭痛，把自己弄成這樣，意義是什麼？

有人說喝酒會比較開心，我猜測那只是酒精暫時麻痺自己的一些感覺，讓自己專注在酒精上的這種開心也只是短暫的啊；還有的人說：因為難過所以要喝酒，可是喝了酒之後很不舒服，這樣不會更難過嗎？

小時候不管我，現在我也不讓你管

我爸現在瘦很多，因為他開始運動，而且酒也喝得比較少了。

小時候，我爸基本上是完全不管我們的，四個小孩都一樣。**在他認知中，書不用讀得多好，但人一定要能獨立自主，所以我們考試考得再好，他都不覺得多厲害，但如果會修水龍頭，他應該會開心得拍手。**

為了訓練我們獨立，他還會帶我們搭公車出去玩，然後要我們去跟賣票的人問路、問要買什麼票、多少錢。

他覺得有辦法自己搭公車,比考試考得好重要,而且也不喜歡我們不敢開口問問題,這算是逼我們要勇敢跟陌生人開口吧。

　　從小我們去哪?做什麼?他都不會管。我曾經跟朋友出去到半夜,隔天早上才回家,都沒有跟他講,他也不會打來問。雖然當時一部分的我覺得這樣很自由,可是另一部分又會覺得為什麼我的爸爸跟別人的爸爸不一樣?身邊的同學只要晚一點回家,爸爸就會打電話來問人在哪裡?催著快點回家,只有我的手機靜悄悄的。

　　長大後我終於想通了,因為爸爸太瞭解我了,所以對我非常放心。他很清楚我是一個很會保護自己的人,不可能把自己放在不利的環境,如果晚歸的話,頂多就是在 24 小時營業的速食店跟朋友聊天。其實某種層面上,我對這件事偷偷感到自豪,因為我不是一個爸爸需要擔心的孩子。

　　現在不知道是年紀大了還是怎樣,他開始會關心我們人在哪裡,上次回家,甚至要求要在我的手機裝一個

app，可以知道我人在哪裡。我回他想得美，小時候我希望你管我們的時候都不管，現在我們已經被訓練得這麼獨立，而且不受管控，才想到要管我們？不可能！

我知道爸爸現在可能會希望多瞭解兒女的生活，所以也很常跟他通電話，但**我們不怎麼聊彼此的生活，他還是不會關心我在做什麼，反正在他眼裡，我已經可以養活自己，這就是最大的成就。**只是，但我還是不可能讓他裝那個監控 app。

家人對你好不是理所當然

來台灣前，我在家就像一個公主。小時候會跟爸爸冷戰，只是為了一件很無聊的小事，就不跟他講話，時間可以長達好幾個星期。但這期間我如果需要零用錢，還是會寫紙條跟他要啦，而爸爸看到還是會把錢放在紙條上，我再去拿走。

爸爸真的對我們很好，會問我們隔天早餐想吃什麼，早上再去菜市場順便買。只是有時候沒買到我想吃的，

我就會發脾氣。可能讓我們太予取予求，一不合我的意，我就會生氣。最後看我常常生氣，後來都會問得非常詳細，以免買錯，他的初衷還是想買到我要吃的東西。

人，為什麼反而會對家人很不客氣？

來台灣讀書後，我開始意識到家人對我的重要性，而且家人的好，不是理所當然的。

後來回泰國，爸爸還是會問我隔天早上想吃什麼，如果沒買到，也會跟我解釋為什麼沒買到，只是現在我會說沒關係，我都可以。聽到我的答案，我爸說這句話很好，他很喜歡。因為我已經領悟到，在家裡有人幫我準備早餐，應該要感恩，不應該覺得理所當然，沒有人「應該」要幫某個人做某些事，就像我爸沒有必要幫我們買早餐，願意幫我們買，我要感謝他。

你沒辦法選擇家人

每個人對家庭的定義不一樣，有些人很看重家人，有

些人沒有，我都可以理解。但我們沒辦法選擇家人，他們想的跟我們想的不見得一樣，我們的意見也不會總是相同。

對我來說，如果覺得家庭關係緊繃，就要付出努力，讓關係不緊繃。我想第一件事要做的，可能就是不要總是想改變爸媽的想法。如果他們的觀念不會影響到我的日常生活，比方說支持一個我不喜歡的政治人物，這件事情不會影響到我，就沒差，如果要我投票投給那個人，我也會說好，但實際上我只會投給自己喜歡的人。

這是說謊嗎？說謊為什麼不好？不說謊就一定比較好嗎？有時候我覺得是可以說謊的，只要知道自己在說謊就好，不要連自己都信以為真。

緊繃的家庭關係有方法可以解決，每個人的方法不一樣，我沒有這方面的困擾。但我只想說，全看當事人有沒有想要改變現狀，如果希望跟家人關係好一點，那就做些什麼。

如果別人笑我沒有媽媽，

我會覺得很奇怪。

因為我有生母啊，她只是離開我們而已。

我身邊還有一個繼母，

她也是我媽媽，而且繼母對我很好……

生母？我只記得她的乳頭

　　華人社會說：「生母不如養母大。」對我來說也是這樣。

　　生母在我很小的時候就離開我們家，至於為什麼離開，我並不知道，我猜測是外遇。

　　有一天，我的生母突然拉著我，帶我去一個男人家（我記得他長得很像泰國主持一哥，戴眼鏡），那時候我不知道發生什麼事，也不知道自己被媽媽帶走，可能再也見不到爸爸跟哥哥、姊姊。我猜可能因為我最小，所以把我帶走，但爸爸一發現她把我帶走，就立刻騎機車追到那個男人家。

　　接著，就像連續劇演的那樣，我爸停好車，一看到我

生母就一巴掌打過去，還記得生母的髮箍因為爸爸的那
巴掌，飛了出去。在當時的我眼中，一切就像是慢動作，
髮箍慢慢往外飛，生母的臉慢慢偏向一邊，爸爸憤怒的
臉、還有那隻打巴掌的手，就好像在空中定格。那個畫
面，可能太戲劇化了，我怎樣都忘不掉，但很奇怪的是，
我並不記得生母的表情。

後來只記得自己坐上爸爸的機車，跟爸爸回家。其實
我非常慶幸爸爸有來接我，不然就沒辦法過上後來的好
日子。

長大後，對生母長怎樣，已經完全沒有印象，只記得
差不多1歲半到2歲之間，她幫我洗澡，我抬頭往上看，
看見她下垂的胸部，還有黑色的乳頭，但臉是模糊的，
這大概是我對她印象最深刻的部分吧。

她離家後，曾經打電話來我們家找我，最開始電話是
養母接的，確切的聊天內容已經沒有印象，但我們聊了
滿久，最後我說累了（是真的講到很累，不是心累），
就掛了電話，後來就再也沒有聯絡。

直到哥哥的喪禮，她才出現。

生母對我來說就像陌生人

我哥在差不多 26、7 歲時，騎重機撞電線桿死掉了。治喪期間，生母來了，但跟我「想像」中的樣子不太一樣。

可能因為太久沒見，她在我腦中的樣子，早就被其他記憶洗刷掉。印象中的她，眼睛不大、燙著奶油色的頭髮，長得像傳統泰國人的樣子，可是實際上她是黑頭髮，至於長什麼樣子，我也不清楚，因為我沒有正眼看過她。

那陣子，親戚們都勸我去跟她相認，但我沒有，甚至看到她就會撇過眼。我不恨她，也不討厭她，她的離開對我來說不是重點，經過 20 幾年，我對她沒有任何感覺，既然沒有感覺，為何要去相認？對我來說，相認之後事情不會有所改變，她依然是個陌生人，我也已經有一個很棒的媽媽。

同時間，我也得考慮養母在現場，如果我去跟生母相認，養母會作何感想？**我認為的養育比生育意義更大，當初生母拋棄了我們，那是她的選擇，後來把我們拉拔長大的是養母。對我而言，我愛我的養母，她才是我的媽媽。**我不可能為了相認一個已經 20 幾年沒見的人，而傷了養母的心。

喪禮過後，我就沒再看過我的生母了。

沒有一種愛是理所當然

我對生母又感謝又生氣，氣的是當初她為什麼帶我走，但我又很感謝我的生母，謝謝她讓我爸把我帶走。因為聽說她後來生活條件沒有很好，如果當時硬是把我留著，不讓爸爸找到我，我後來不可能有機會去中國交換學生，甚至來台灣讀碩士班，現在可能正忙著養家糊口吧！對此我真的很謝謝她。

沒有生母，對我生活沒有造成任何影響，真要說她的離開教會我什麼，或許就是父母的愛，不會是理所當然。

我不知道她愛不愛我們，但如果她心裡有我們，應該就會時不時來找我們。或許，我爸跟她有什麼協議也說不定，但最後一次聽到她的消息，是我姐說她想要借錢。

雖然他們離婚，但我爸還是很愛我們，並沒有因此就對我們的愛有一絲減少。但我也不認為天下的父母都一定愛自己的小孩，相反地，也有那種爸媽殺死小孩，或小孩殺死爸媽的新聞。所以就算生母不愛我們，我也不會怎樣，因為沒有一種愛是理所當然。

後來，我很快就有了繼母，所以，其實沒有體會到單親家庭的生活，也沒有因為繼母的關係而被同學取笑「沒有媽媽」或「媽媽拋棄你」之類的。但我有想過，如果我以前因為單親家庭身分被取笑，以我小時候的個性應該會直接罵回去，像是別人罵我人妖，我也會罵他醜八怪。

重新獲得一個更好的媽媽

讀完碩士班後，現在的我會有不一樣的想法。如果別人笑我沒有媽媽，我會覺得很奇怪。因為我有生母啊，

她只是離開我們而已，我身邊還有一個繼母，她也是我媽媽，而且繼母對我很好，並不像連續劇裡面的壞後母，會虐待小孩或爭奪家產，我反而覺得自己很幸福，有機會重新獲得一個更好的媽媽。

我爸有跟我聊過繼母，他覺得繼母把家裡打理得很好，他也很感謝她。可是他從來沒有提過生母，我不知道為什麼，反正這個話題從來沒有在我們家出現過，他不想講，我也沒有興趣知道。

生母現在過得如何、有沒有想我、是不是還活著，我都不在乎，對我而言，她只是一個把我生下來的人，沒有履行照顧好孩子的責任，這是她的問題。現在我有很棒的媽媽，生母一點都不重要。

不過我還是想問她一個問題：「當初幹嘛帶我走！害我差點跟著受苦。」

對我而言，我的情感寄託對象就是家人，

我沒有要證明什麼給他們看，

但至少知道自己不會成為他們的累贅，

也知道在泰國，有人可以讓我依靠。

我跟爸媽說：我沒打算養他們

我無法決定家人是誰，但有些家人讓我知道，不要變成那樣的人；有些家人則是小時候不親近，長大後反而關係變得更緊密。

我們家有六個人，爸爸、養母、姐姐、哥哥、我、弟弟。姐姐大我 7 歲，哥哥大我 5 歲，弟弟小我 5 歲。

肩負生母責任的姐姐

在我生母離開後，我發現姐姐在自己身上攬了很多責任，好像覺得自己應該要肩負起媽媽的任務：照顧家裡。包含我、哥哥、弟弟，所以，很多事她都會盯著我們，我爸媽也就放手讓她管教我們。像是我哥如果又跑去幹了什麼壞事，就會被她罵、被她打，連我也一樣。像是

我玩家家酒就被她打，說我像個女生一樣。

　　小時候我很怕她，覺得她很兇，而且管很多。但誰知道，現在我跟她感情很好，她已經結婚，有兩個小孩，婚後的她很常找我抱怨老公或小孩不乖，這跟小時候打我、罵我、管教我的姐姐很不一樣，那個頤指氣使、趾高氣昂的姐姐，現在變成一個抱怨生活的普通人，而且竟然找我訴苦。

　　我通常都默默聽她講，或再重複一次她抱怨的事情，附和她，因為我知道人在抱怨的時候，想聽的不是教她怎麼做，而是跟著她一個鼻孔出氣。

　　雖然我跟她們一家人分隔兩地，但我們時常視訊，也才能趁機看看兩個外甥。來台灣讀書，讓我錯過了兩個外甥的童年成長過程，這讓我很遺憾，每次看到他們都覺得小孩怎麼長得這麼快。雖然我從不後悔來台灣讀書，可是這件事總讓我很耿耿於懷，也在心裡留下一點點遺憾。

我哥，壞事幹盡

講到我哥，我跟他真的是天差地別的兩個人，他是那種什麼壞事都幹盡的人，也是老師眼中的問題學生。

從小，我哥就喜歡整人，對象不意外地也包含我。

印象中最深刻的一次是：他玩水果刀，我站在他旁邊看，他把水果刀往上拋，然後接住。有一次沒接到，水果刀掉到地上，離我的腳只有幾公分距離，他沒有嚇到，反而大笑，還說自己怎麼這麼厲害，殊不知當時我都快嚇死了！

還有一次，那陣子《X戰警》很紅，他很喜歡金鋼狼，某天他不知道哪來的想法，把牙籤貼在手背上，假裝自己是金鋼狼，自己玩就算了，竟然來抓我。我大叫，爸爸立刻跑過來，看到他又在胡鬧，直接氣瘋，也拿牙籤戳他。

整人事小，隨著年紀漸長，他的交友圈越來越不正常，

身邊都是狐群狗黨。他會偷我爸的錢，也會跟朋友出去鬼混，喝酒、抽菸、吸毒、嫖妓，基本上能想到的壞事，他應該都做過。有一次他像發瘋似的，拿起滅火器跑去街上亂噴，導致整條街都白白的，有一段時間，我真的覺得他瘋了。

　我跟他從國小就讀同一所學校，剛進學校，人人都叫我某某某的弟弟，就知道他在學校有多出名了！

　大學後，我跟他交集越來越少，有一陣子他還搬出去住，沒人知道他去哪裡，直到有一天跟大家說他要結婚。當時全家人沒有人看好他的婚姻，因為我們都認為他老婆是看上我們家產才要嫁給他，所以，沒有人出席婚禮。後來他們生了一個小孩，直到他過世，我們才對他老婆改觀，發現他老婆其實是個很棒的人。

　我哥從高中就很愛騎重機，在我大四那年，他騎重機撞電線桿過世。說實在地，當時我真的不知道他在幹嘛，到底平時在做什麼，也沒有人知道。只知道他內心深處很想接下我爸的工作，因為有次喝醉，他朋友扛他回家，

嘴裡一直嚷嚷：「我爸不讓我去日本。」

　　哥哥、姊姊跟我是同個生母所生的，弟弟則是後來的養母所生。我跟弟弟的關係小時候很好，可能是媽媽覺得我們年紀小，幾乎每次回清萊（養母的老家），都會帶上我們兩個。

　　那時候我們會一起玩土、爬樹，後來他也跟我和哥哥念同一間學校。我很好奇，不知道他有沒有被說是林正輝的弟弟。長大後，我們關係變得沒有那麼緊密，雖然可以知道他完全支持我的性別認同，但就是不太有話聊。

我這麼獨立，爸爸應該要開心吧

　　從小，我就立志當一個乖小孩，因為哥哥很壞，我不想被別人扣上「某某某的弟弟」這個稱號，也不想讓大家覺得我跟他一樣，所以很聽老師的話，在學校成績也很好，也一直以當老師為目標，無所不用其極當一個好學生。

**可是我沒有以賺很多錢為目標，也沒有覺得有義務要
養父母，我能做的就是不要變成他們的負擔，也曾跟我
爸媽講過這件事。**

我們家有個傳統，特殊節日時，像是父親節、母親節、
爸媽生日，我們會送花圈給他們，象徵祝福。有一次我
就順口說了，自己以後沒辦法養他們，頂多只能養活
自己。我爸聽了並沒覺得怎樣，因為他從我們小時候就
很希望我們獨立，現在我這麼獨立，他應該要開心吧。

可是家人對我來說還是很重要的，因為我是跨性別，
沒有辦法生小孩，加上母胎單身，對愛情並不抱任何期
待，所以情感會寄託在家人身上，包括我爸媽、我哥哥
姐姐的小孩。

像是我姐，她結婚有了家庭，遇到不開心的事情可以
找老公抱怨，想放棄的時候，會有另一半幫她；知道自
己有人可以依靠、有人需要自己多努力一下；情感可以
寄託在老公或小孩身上。而對我來說，我的情感寄託對
象就是家人，並不是要證明什麼給他們看，但至少我知

道自己不會成為他們的累贅，也知道在泰國有人可以讓
我依靠，遇到不開心的事情可以找爸爸抱怨。

　　我想人是社會性動物，有時候還是會需要一個，能夠
讓自己覺得自己不孤單的對象，才有力量面對生活上的
種種事情吧。

如果會有罪惡感，

那也是來自於世俗的刻板印象，

覺得男生不可以這樣，不可以那樣，

但我覺得這都是傳統的既定印象，

要不要遵守也是自己的選擇。

我也曾覺得自己有病，直到醫生用木魚敲醒我……

在我家，並沒有很正式地討論過我的性別氣質、性傾向，特別是跟我爸，但從小學四年級就知道自己跟其他同學不太一樣。我喜歡跟女生玩，也不喜歡運動，喜歡的東西都是一般傳統認知中女生會喜歡的一樣。

在這之前，我一直以為是別人跟我不一樣，像是我媽帶我們回清萊，男生們都會在大太陽底下玩。我總覺得他們很奇怪，為什麼喜歡曬太陽，不是會變黑嗎？而且很多男生都喜歡把自己弄得髒髒的，流很多汗，到底誰會想要流汗？

差不多國小升國中那段期間，我才意識到：喔！原來不一樣的人是我，自己才是大家口中的怪人，或娘娘腔、人妖。

那時候也不知道什麼是跨性別，什麼是男同志，而且泰國人不管對方是什麼性取向或性別認同，只要是男生講話比較陰柔，就會叫「人妖」。我也是到很後來才知道原來我不是零號男同志，而是跨性別。

叫媽媽帶我去看心理醫生

國二時，因為性別教育十分缺乏，於是我跟媽媽說：「我不喜歡女生，覺得自己跟其他男生不一樣，而且也覺得自己比較像女生。」這可能也算是一種出櫃吧。也因為當時社會大眾灌輸的異性戀霸權意識，我認為自己這樣子不正常，加上宗教信仰的影響，一想到爸媽養我這麼大，我卻是個不男不女的人，這樣很不孝順。當時還天真地以為這可以治療，所以，就叫媽媽帶我去看心理醫生。

或許，她也覺得這是個問題，應該被治好，加上她也看得出來我不陽剛，所以，馬上就答應帶我去看醫生。

但雖然她沒說破，卻也從來沒有要我 man 一點，或

不要那麼娘，只是內心深處還是希望我可以變得跟一般男生一樣吧。

回想起小時候，我會跟媽媽玩家家酒，有一次我姐看到，就跑來打我，然後衝上樓拿裙子命令我穿。只記得她一直罵我：「男生玩什麼家家酒，這麼想當女生就穿裙子啊！」當時我爸媽並沒有制止她，只是在旁邊看，所以，我覺得我媽或多或少也是希望透過姐姐來管教我，希望這樣我會變「正常」。

走進診所，見到心理醫生，我跟他講完我的問題之後，他拿出一隻木青蛙（還是叫木魚？），那種用棒子刮青蛙的背會呱呱叫的東西，一邊問我問題，一邊刮那隻木青蛙。

「我總會不自覺地翹起小拇指。」

「你下次發現翹小拇指時，就提醒自己不要翹。」（呱呱呱～）

「那像我走路都會扭屁股，怎麼辦？」

「你走路要告訴自己不要扭啊！」（呱呱呱～）

「你以後要放輕鬆不要讓自己一直表現出女生的樣子！」（呱呱呱～）

整個療程就在呱呱聲中度過，走出診所，我整個人超清醒，我才發現自己沒有病，有病的是醫生！

幸好我有一群人妖朋友

在我小學的時候，班上有一些跟我一樣不像一般異性戀男生的男同學，上國中後更多，我都說我們可以自己組成一班了。

我們這些班上的異類，自然而然就會聚在一起，如果有人罵我們死人妖，我們就會「問候他爸媽」，那時候大家這樣罵來罵去，也滿自然的。所以，如果問我以前有沒有被霸凌？從現在看起來有啊，被罵死人妖、上廁

所被惡整、被言語調戲什麼的都有，但幸好有一群朋友，讓我知道自己並不孤單。

而且我讀的基督教學校，老師還會把非異性戀的人聚集在一起（就是那些比較陰柔的男生，包含我），對我們說這樣不會被耶穌接受、無法上天堂，我反而對我朋友說：「我們搞不好下地獄朋友還比較多。」

我覺得自我性別認同在身邊有一群同樣性別特質的朋友情況下，特別容易發展出來，因為不會覺得自己是異類，但是**我認為自我認同還是要回歸到自己身上，首先要知道，自己不是唯一，而且也不會因為是個娘娘腔或同性戀，人生就無法繼續下去。現在所遭遇到的任何不友善對待，都不是自己的問題。**

如果會有罪惡感，那也是來自於世俗社會的刻板印象。例如，我曾經覺得自己這樣很不孝，覺得男生不可以這樣，但這都是傳統的既定印象，要不要遵守也是自己的選擇。

　　看完那個荒謬的醫生後，我才漸漸開始覺得自己其實沒有問題，加上身邊有一群性別氣質跟自己很像的人，我們每天都玩得很開心，對性別認同的罪惡感，也就慢慢消失了。

　　後來我媽也沒有再帶我去看醫生。至於我爸，我還是沒有跟他談過這件事，但我相信他們內心正在慢慢接受我，這我感覺得出來。

　　若要說誰幫助我認清自己的性傾向與性別氣質，或許就是那個敲木魚的醫生吧（翻白眼）。

站在我爸的角度去想，

他也沒有這方面的經驗，

沒有人教過他兒子變女兒要怎麼處理，

要如何調整自己的心態，

怎麼面對自己的孩子……

有一天，他對別人說這是我女兒

從小到大，我沒有跟爸爸聊過自己的性別氣質或性傾向，也從來不會在他面前隱瞞我的性別氣質，一樣走路會扭來扭去，一樣會翹小指，講話一樣會高八度。但他也從來沒有說我是個娘娘腔、人妖。我們之間就好像存在一個默契，沒有人想要主動談這件事，也覺得沒有必要談。

倒是我媽，我國二就有跟她說：覺得自己有病。所以，她很早就知道我的性傾向跟別人不一樣。而且我也很常跟我媽開玩笑，像是她問我昨天跑去哪？我會說我跑去找牛郎、找男人；或看到她戴了一條很漂亮的項鍊，會問她能不能送我，她問我要幹嘛，我就回答要拿去包養男人，然後我們就會一起大笑。

我媽對我的性別氣質也沒表示過什麼，但我知道她應該也花了很多時間理解這件事情，所以，才聽我的建議，帶我去看心理醫生，可能也想要試試看有沒有機會讓我「變正常」吧。看完心理醫生後，我想不僅對自己，對她也算有了個交代，她也知道我嘗試過要「變正常」。

到現在，我們就像一般的母女，會聊漂亮的衣服，也會互開玩笑，她還送我包包，我到現在都還在用。

我爸突然對別人說我是他「女兒」

我在爸爸面前就像個女生。出去逛街，看到漂亮的女生衣服，會開玩笑叫他買給我，他也會開我玩笑。像是有一次看到一條裙子，他問要不要買給我穿，我說你給我滾，因為那條裙子應該只有 XS 號。還有一次，我的腳開刀，手術結束後，我說可能會再開一次刀，他問我怎麼了，我說要動變性手術，他笑說：欠揍。

我們之間總是像這樣一直互相開玩笑，但從來沒有真

正坐下來談過我的性別認同，他也沒有主動提起，直到有一天，他朋友來家裡，他對別人介紹我說：「這是我女兒。」

聽到這句話，我有小小驚訝一下，但也沒有特別開心或興奮，覺得「爸爸竟然認同我是女兒耶！」只覺得「不然咧？我就是女兒啊。」當時的我已經對自己的性別認同相當肯定，我知道自己是個跨性別者，當爸爸對別人說我是他女兒，我只認為他終於肯稱呼我是女兒了，也或許他只是覺得我這樣子，對別人說是兒子也很奇怪吧。

可是後來想想，我覺得他應該私下也花很多時間消化這件事，畢竟要一個以異性戀脈絡成長的中年已婚男子，承認自己的兒子其實是女兒，是多麼困難的一件事。站在我爸的角度去想，他沒有這方面的經驗，沒有人教過他兒子變女兒要怎麼處理，要如何調整自己的心態，怎麼面對自己的孩子⋯⋯這些事情對他來說肯定非常陌生，會感到迷茫和不知所措也是理所當然。

　　我現在覺得，當初開玩笑説要動變性手術，換作是現在，他應該可以接受（雖然不接受我還是會去，只是我已經不想變性了），**從跟別人說我是他女兒，到後來跟我的相處，都讓我覺得，爸爸真的花很多時間去理解我。對我來講，就是非常難得的事情，也是很困難的事情，畢竟得打破自己過往的所有框架，去接受一個新的觀念。**

　　這件事情讓我領悟到，**立場不同是理所當然的事，有時候不小心會一味地批判和說服不同的立場，卻忽略對方的立場來源、所處的環境以及成長背景。去理解對方為什麼會這麼想後，就會發現不一定非得改變對方的想法**，也沒必要要求對方一定要百分之百瞭解，只要對方能夠尊重我的立場，這樣就夠了。

我也曾經覺得爸爸比較不喜歡我

　　如果有兄弟姊妹，我覺得很容易會有比較心態，我也曾覺得爸媽是不是比較喜歡其他兄弟姊妹。

以前我是個傲嬌的人，如果早餐爸爸沒有買我喜歡吃的，就會生氣，或因為一件事情吵架，我可以 2、3 個月不跟他講話，因為我覺得自己的意見才是意見，我的想法才最重要。

我也曾覺得，爸爸比較不愛我，像是弟弟說要買遊戲卡，他二話不說就出錢買，但是我說想去補習，爸爸卻不讓我去。雖然當初他的理由我到後來才懂，因為他覺得小孩子就是要玩，幹嘛補習，但當時的我會覺得爸爸大小眼，對弟弟比較好。

還有一次，在我上大學前我問他可不可以來台灣參加一個研習班，他就問我幹嘛去，我解釋因為我想學好中文，他就叫我問姐姐。可是我跟姐姐都是他生的小孩，為什麼想去哪裡、做什麼事還得經過姐姐同意？當下我的心裡很不平衡（雖然最後他還是讓我來台灣啦）。

出社會後，我慢慢體認到一件事，「愛」本來就不公平，人不可能做到完全的一視同仁。同理，「父母對每個小孩的愛不可能一樣」，**每個小孩都有獨特的個性跟**

人格特質，一定有某些特質比較吸引父母親喜歡，父母親對小孩的愛很難做到公平，但是至少被父母愛就已經足夠了。「父母親一定是愛孩子」這句話本來就不值得相信，不然怎麼會有那麼多被父母拋棄的孩子、被虐待和被殺的孩子。

所以，我後來覺得，這樣不就夠了嗎？我不需要爸媽最愛我，只要愛我就夠了。

與其怨天怨地，不如接受事實。我知道當父母親很辛苦，但是把我生下來是他們的選擇，儘可能公平對待每個孩子是父母親的責任，他們做不到，我的確會抱怨，可是這不影響我對他們的愛，畢竟我就只有一個爸爸和媽媽，也能理解很難做到公平這件事。

總而言之，或許有些人還是會覺得為什麼爸媽不愛自己，有可能因為自己的性別認同與他們認知的不一樣，也有可能因為沒有達到他們的期望，可是我認為並沒有必要糾結於這些問題。

別企圖改變父母的想法

我可以理解縮在角落，覺得自己被世界孤立的感覺，我當初是怎麼走過來呢？我自己會試著去理解自己，認同自己，最後愛自己。不要一直把自己的認同感建立在別人身上，這樣會永遠無法真正獲得自我認同，因為只要別人的一句話，就會開始懷疑自我。

為什麼我一直強調「自己的生活方式，自己選擇，在可以決定的範圍內，盡量去選擇自己舒服的方式」呢？因為人生有太多事情是自己管控不了的，例如：家人。人沒有辦法選擇家人，就算再怎麼對生母沒有感覺，可是這就是我甩不掉的關係；爸媽也一樣，就算意見再怎麼不合，可是他們依舊是我爸媽，除非有勇氣斷絕關係，不要這對父母，那就是個人的選擇。可是我就是沒有那個勇氣。

那麼既然注定要生活在一起，我不會盲目地想去改變父母的觀念。因為換個角度想，如果有人試圖要改變一個人的想法，那個人會改嗎？特別是已經根深蒂固相信

的事實，卻有人執意要推翻，換作是任何人都不會覺得
開心吧？

同樣地，如果我一直想要父母改變他們的想法，最後
大家想的都一模一樣，那我還有什麼存在的價值，這個
世界有我爸媽這樣的人就好了。例如，我爸有時候跟
我說道理，我也會左耳進、右耳出，但我還是會表現
出很認真聽他講話的樣子，因為我知道他需要這個「反
應」，可是我不見得要照他想的做，因為我有自己的想
法，而且也相信，不同的聲音還是可以和平共存的。

**人生只有一次，要嘛往前走，要嘛停在原地，決定繼
續往前或停下來的那個人永遠都是自己，不會是別人，
只有自己可以做出影響自己人生的每一個決定，既然這
樣，不覺得「自己」很重要嗎？**沒有任何人的重要性可
以高過自己，家人也一樣。生與養是他們的責任，但把
人生過好是自己的責任。

某方面，或許我也是怕喜歡的人不喜歡我吧！

我不喜歡做沒把握的事情，

那次告白已經是豁出去的狀態，

我覺得自己這輩子不會再有這樣的經驗了。

我曾經很喜歡他

我曾經很喜歡他

我現在雖然很努力想要保持理性，但只要是人就不可能沒有失去理性的時候。我好像從來沒在媒體面前講過這個故事，關於暗戀一個男生的瘋狂過去，對，很瘋狂。

那時候才高中一年級，當時我生活中最大的樂趣就是把兩個長得很帥的人在腦中配成一對。例如，下課看到班上兩個帥哥在玩，我晚上睡前就會在腦中幫他們想一些很灑狗血的劇情，開始上演 BL 劇。像是在大雨中追著跑，或互相餵食甜點，然後慢慢地想到睡著（當然有時候也會想著想著，就開始做別的事）。

這個男生，就叫他帥哥好了，本來對他沒有什麼特別的感覺，純粹覺得他很帥，而且很常出現在我的睡前小劇場裡，總是扮演男一。有一天上學，他買了甜甜圈，

分給坐在附近的人吃，我也是其中之一，當他拿甜甜圈給我的時候，笑得很開心，那個表情讓我直接內心高潮！心想這個人也太可愛了吧！突然之間，我就喜歡上他了。

那時候我就像瘋子一樣，後來冷靜後才發現，原來我對喜歡的人會不顧一切地對他好，甚至不在乎他有沒有喜歡我，只要接受我對他的好就夠了，難怪人家都會說戀愛的人很難保持理智。

無論我去哪裡玩，只要看到他喜歡的東西，我都會買給他。逢年過節更是一定送禮物，像是高一的聖誕節，我買了一隻超大的娃娃帶去學校送他，還有他生日前，買了一副上萬的耳機當禮物。

我們並沒有交往，但我就是想送他禮物。現在回想起來真的很瘋狂，完全就是個瘋女人啊我。可是我真的克制不了，每次看到他收下禮物的開心表情，我就不行了，對我來講，他只要肯收下，我就心滿意足，可以讓我開心一整天或一個禮拜，雖然爸爸如果知道我拿他的錢買

這麼多東西送別人，應該會殺了我。

那時候我也常常打電話跟他聊天，我們什麼都聊，有時候聊個 10 分鐘，最長可以聊到 1 小時，只要聽到他的聲音我就很開心，或在 MSN 上一直聊。我還把他換的每一張大頭照都存下來，但我沒有要公開的意思。

後來，我跟他告白了。

這件事情可能是促成「凡事沒有萬全把握跟準備就不做」的關鍵吧。我竟然在沒有任何希望的情況下選擇跟他告白，真是完全失去理智！那時候要升高二，我覺得這樣下去不行，一定要讓他知道我對他的感覺，雖然內心很清楚不可能成功，但年輕時哪有那麼多理智，所以就鼓起勇氣，在 MSN 上打字跟他告白（還不敢當面講）。

我記得是在 7 月，某天晚上我們在 MSN 上聊天，聊著聊著就直接跟他說我喜歡他，他也立刻回了我預料中的答案：「我們還是維持朋友關係就好。」這應該是我

人生中做過最沒把握的事情，之後就再也沒有了。

我早就知道一定會被拒絕，可是告白失敗還是會難過啊！雖然白天去學校我都笑笑的，但看到他，就會想到他說的話，所以都盡可能不要看他，也不要碰面。只是，他知道我會傷心，反而一直跑來關心我、問我還好嗎？甚至還會摸我的頭！去死！買飲料的時候遇到，還會故意過來打招呼，真的是可以去死！對一個告白失敗的人這樣，根本傷口上撒鹽，好嗎？！既然不喜歡人家就不要整天出現在人家面前，好嗎？！

喜歡一個人的感覺沒有那麼快就會變得不喜歡，我看到他喜歡的東西還是會買，只不過隨著時間過去，慢慢地也就不送了，喜歡也慢慢變淡，淡到只剩下覺得他很帥而已，他還是可以在我睡前劇場扮演男一，但也就只有這樣了。

再也沒喜歡過任何人

他真的很帥，看過他照片的人都說帥，有人還說他長

得是明星等級，一直到後來上大學、出社會，我真的再也找不到比他帥的人。

　　聽起來很膚淺。對啊！我就是很膚淺，我以前真的把外表當作第一條件，小時候嘛，我那時就是很容易喜歡上一個人。

　　很多人問我想不想談戀愛？想不想交一個台灣男朋友？我說我沒有特別想，也沒有期待感情。我很清楚自己長得不是符合大眾期待「好看的樣子」，而且我很胖，甚至還禿頭，又跨性別，有哪個人會喜歡這樣子的我？我自己都不可能喜歡這樣的人，怎麼會要求別人來喜歡我？所以，我總是回答自己不期待戀愛，但期待性愛，因為沒嘗試過。但**我要強調，我很喜歡自己，也沒有要把自己變成符合社會大眾審美的標準，可是我自己的樣子確確實實不是大眾審美所認定的樣子，連我自己都喜歡帥哥了，怎麼會期待有人會喜歡我呢？**

　　事實上，在高中告白失敗後，就沒有再遇到讓我動心的對象。只是，要是遇到，也不排斥談戀愛，但我自己

很難想像跟別人交往的樣子就是了。

　　某方面，或許也是怕喜歡的人不喜歡我吧！我不喜歡做沒把握的事情，那次告白已經是豁出去的狀態，我應該是自己這輩子不會再有的經驗。

　　回想起來其實很好笑，我甚至把跟他告白的對話紀錄存下來，現在應該還在我電腦裡的某個資料夾。

對於愛情的戒慎不安

　　我其實很難想像自己進入一段關係會變怎麼樣。

　　我不曾在一段關係裡面過，所以不知道兩個人相處會是怎樣的狀況，因為已經很習慣一個人生活，假如我今天跟一個人在一起，那當某一天想要一個人靜靜地追劇不想跟任何人講話的時候，對方怎麼辦？如果要考慮到他的感受，我自己也會覺得很麻煩。

　　至於婚姻？我連想都沒想過，畢竟現在連戀愛對象都

沒有，婚姻那麼久遠的事情，更不用想了。

　　以我目前的狀態來說，愛情真的沒有占到 10%，以上的愛情故事也已成過去式。那為什麼非要在這裡討論失敗的愛情故事呢？其實我想表達的是，不管是理智也好，非理智也罷，這些經驗皆成為現今的養分。**可能有些丟臉，也有可能被認為是害怕愛情，但人並不完美，沒有必要否認自己不完美的曾經，因為這些確實屬於我自己。**

　　好了，就這樣，薩瓦迪卡！

我不認為性愛必須綁在一起。

性需求每個人都有，

為了解決這個需求，有很多種方式，

可以自己來，也可以找另一半，

沒有愛就沒有性，沒有性就沒有愛，誰說的？

沒有愛就沒有性，
沒有性就沒有愛，
誰說的？

　　台灣人很喜歡用一個名詞形容沒有談過戀愛的人——「母胎單身」，對，就是我。我出生到現在沒有談過戀愛，前面、後面都是處的（至少在寫這本書的當下是啦）。

　　比起愛情，我更渴望性愛，因為我很好奇那是什麼感覺，我對日本男性有強烈的情慾想像，可能是日本色情片看多了吧，所以原本打算飛去日本花錢請男優破處的。

　　這件事情我在媒體上講過，還曾上封面頭條，有夠莫名其妙。

既然這個話題在台灣這麼有價值，那我就繼續多講一點好了。

其實日本有很多網站可以出租「一日男友」，這些網站有的甚至還有中文版，就是我找的那個。上面會列出各種類型的男生，然後每個男生會有很詳細的個人特色，像是可以撐很久，或一天可以很多次，還有只能當「0」或只能當「1」，以及可不可以親吻，有的沒有的條件，讓我選到最適合自己的對象。

至於為何選日本，而不是在泰國解決就好？那是因為我很喜歡日本 GV、AV 男優，既然都要花錢了，當然選擇自己嚮往和想像的對象。然後我不希望第一次就獻給歐美人，因為感覺他們似乎很狂野、粗暴，我怕痛也怕被掐死之類的，好，我承認這是刻板印象。

我偏好有演過 GV 的男優，臉蛋不用太帥，但是服務一定要很好，畢竟老娘花錢就是要去享受的，如果服務不好，我會立刻取消！我也沒有要幫他服務的意思，他就是要來服務我，然後不能弄痛我，因為我沒做過，而

且我很怕痛。

　　有人聽到這裡忍不住問我：「你都沒有想過跟他去約會、吃飯之類的喔？」

　　但我認為花錢就是要去破處，誰要約會？！我為什麼要浪費錢找一個人跟我吃飯？我可以自己去吃！

　　我一直抱持著這樣的想法要租一個「一日男友」，管他限幾次，我就是要越多次越好，滿意的話，我還可能會續租第二天、第三天。只是，雖然在這邊説大話，但以我目前的體力，可能一次就已經累個半死了。

性愛為何要綁一起？

　　講到這邊，我的立場很明顯了吧，我不認為性愛必須綁在一起。性需求每個人都有，為了解決這個需求，有很多種方式，可以自己來，也可以找另一半，像我這種沒有另一半的人，就只能約炮或花錢找人做愛。

可是除了找另一半做愛或自己來，其他方式都被這個社會認定為「不好的」、「骯髒的」。

可是大家不覺得很奇怪嗎？

既然是人類的本能需求，又怎麼會有好跟不好之分？我要怎麼解決自己的需求，只要沒有傷害別人，為什麼不可以？傳統認為兩個人應該要有愛情的基礎才能做愛，某些宗教甚至認為婚後才能有性行為，可是為什麼要把愛情看得那麼偉大，而性愛或情慾卻被貼上負面標籤？

人餓了要吃飯，渴了要喝水，睏了要睡覺，那麼有情慾了就循正常管道發洩或解決，不是理所當然的事情嗎？人面對自己的情慾再正常也不過，可是偏偏為什麼一定要跟愛情綁在一起呢？被這種道德綁架，而糟蹋了幸福家庭生活，我想在新聞上或者身邊都看過和聽過非常多活生生的例子。

性生活是家庭組成的一環，如果發生性需求不平衡，

有一方無法滿足對方,那怎麼辦?就道德規範來說,要嘛離婚,要嘛叫對方自己來,卻不能接受對方因此找別人解決性需求,我不懂道理何在。

　用愛情、婚姻的名義,限制對方的原始本能,這樣對嗎?我覺得兩個人要怎麼做愛、怎麼玩都是兩個人的事情,如果自己無法滿足對方,只要雙方談好,對方可以去外面解決,並沒什麼不對。

　我的想法可能太過前衛,可是當想像自己在婚姻家庭中,無法滿足另外一半的性需求,又逼對方為自己忍耐,我實在不敢這麼自私。

　在有婚姻的狀態下,如果去外面找別人做愛,就會觸法。但法律是工具,怎麼制定、運用是人可以決定的,如果是兩個人擁有共識,一方願意讓另一方出去解決性需求,並且做好安全防護措施,我不覺得這有什麼不行。

　我說的共識是出自於體諒對方、替對方著想,而不是

委屈自己，如果我不想這麼做，沒有人逼我，但我如果願意這麼做，對方也承諾會遵守兩人之間的協議，這才叫共識。如果覺得委屈，那叫忍耐，不是共識。

性交易，有買才有賣

就我所知，很多泰國非法移工透過各種管道來到台灣，有人到工廠工作，有人則是從事性交易工作。如果說要有愛，才有性，哪來那麼多人買春？畢竟做生意要有市場才會有人提供服務，如果台灣沒市場，那這些人偷渡來台灣賣淫是要賣給誰？

所謂交易，就是買賣的過程，性交易要有人買，才會有人賣。

但這個社會上很奇怪的是，大家總是會去攻擊那些賣淫的人（無論男、女生），可是買春的人卻總是可以逃過攻擊？

我其實很欣賞這些從事性工作的人，因為他們用自己

的身體賺錢，我覺得一點問題都沒有。明星用臉蛋賺錢，歌手用聲音賺錢，**為什麼性工作者不能用性器官賺錢？只是因為法律說不行嗎？那為什麼法律說不行？法律不是人訂的嗎？既然是人訂的，是不是也有改變的可能性？**

另一方面，法律一直沒有明確的規範，只會讓性工作者的工作條件、環境越來越差，更顯得沒有保障。像在泰國，很多色情行業都被黑道控管著，這些人不用繳稅。相對地，性工作者沒有任何工作保障，像是工作時數、可以抽多少錢，甚至是工作環境、工作安全（會不會遭受客人性暴力或染病等等），這些大家似乎都沒有看見，只會一味說性工作不好，如果真的不好，為什麼他們可以一直有錢賺？

我沒有用身體賺錢，所以也沒有立場說這些性工作者什麼，但我真心認為他們很棒，用自己的方式養活自己。至於那些跟我一樣不是靠身體賺錢的人，我也認為一樣沒有立場去批評這些人，非性工作者可以選擇去從事別的行業，但沒有人有權利否決別人賺錢的方式！

如果要做愛就要找像鈴木一徹這種

　　我平常會看女性向 A 片，就是那種節奏很慢、前戲很長，會讓人很想按快轉的片。雖然我沒什麼耐心，可是看在男主角總是很溫柔地對待女生，而且深情的樣子，就讓我覺得很心動，尤其是鈴木一徹，他在我心中是第一名，沒有第二名。

　　他在拍攝的時候，很喜歡問女主角可不可以（可不可以親她之類的），會看到女優很扭捏的說：「等等。」或小聲地說：「可以。」我都很想大喊：「我可以！」然後幻想自己是女主角，大家就知道我對他有多飢渴

　　2018 和 2019 年他來台灣成人展我都有去，我還找他拍照，神奇的是，第二年他竟然記得我是泰國粉絲，在那幾秒跟他獨處的時光真的無法用言語形容（其實還有翻譯和工作人員，但我當作他們不存在），走出來之後我真的是快不行。本人跟片中一樣帥，好想跟他啪啪啪。

　　一直把性愛掛在嘴邊，有可能顯得粗俗，但那都是別人的看法，為了讓自己過得快樂一點，何必在乎外人的眼光呢？

　　我覺得忠於自己沒什麼問題，接受與承認自己的情慾，並不是任何的罪過，有情慾就好好的面對，不用彆彆扭扭，這樣活得很爽快，有什麼不好？

Part 2

工作的
那些事

我不會再參加不可能贏的戰局。

照著你的遊戲規則玩，你卻反悔？

照著你的遊戲規則玩，你卻反悔？

　　有人問我，人生中有沒有過很生氣的時候，我發現自己似乎好久沒有很生氣了。

　　我現在覺得為什麼要生氣？**生氣是累到自己，何必要生氣？但以前我的確還滿常生氣的，生氣的原因通常都是因為我照著對方的遊戲規則走，但對方卻自己事後改變遊戲規則。**

　　高中時，因為很喜歡中文，而且我一直很努力讓自己的成績保持在最好的狀態，當我知道高中畢業典禮會找學生以不同語言上台演講，當下就決定一定要爭取到這個機會。

　　畢業致詞總共分成三種語言，泰文、英文、中文，我

不斷跟老師說想負責中文畢業致詞演講，老師也知道我很期待，一開始答應會選我。但他很常拿這個威脅我，比如說上課時老師問有沒有人要上台唸課文，全班都沒人想上台，老師就會看著我說：「你不是很想當中文致詞代表嗎？要不要上台唸課文？」我就問他：「如果上台唸課文就可以當中文致詞代表，那我唸。」老師回答：「好。」

我要退出，老娘不選了

最後，老師選了兩個人，包含我以及另外一個男生，再交給一個年級主任選。我當時很生氣，也很難過。因為那個男生就是典型的異性戀，一般大眾印象中的直男。而我，是個娘娘腔，又胖又不好看。而且，握有決定權的那個老師非常保守，怎麼可能選我站在所有同學、老師、家長面前演講。我知道他不可能選我，就直接跟老師說要退出，老娘不選了。

後來，我們那一屆的畢業紀念冊一直出不來，大家跑來問我中文致詞稿在哪？演講稿是負責中文演講的那個

男生要提交的，從他遲交稿子，我就知道他並不如我那麼珍惜這個機會。

這時我才知道，不是能力好就能獲得機會。

朋友覺得我自行退出很可惜。但我認為，既然都已經知道結果了，為什麼還要浪費時間？而且已經知道最後會失望、難過，為什麼還要去追求這個結果？**這個事件讓我學到，明知道自己沒有機會，就不要去爭，我情願把時間花在其他事情上。**

公司自己訂的規則卻不遵守？

第二件事發生在我當娛樂記者時，我們公司加班不會給加班費，但是可以補休，而且沒有使用期限，這是剛進公司時，公司說的。

一方面我沒有特別需要請假，二來工作很忙，也沒有時間補休，都要加班了，怎麼會有時間休假，所以補休累積越來越多。

　　到了年底，我決定要把補休都用掉，於是跟老闆請補休一個月。老闆一開始不讓我請，因為他覺得這樣一口氣請太多天。我說：「我是請補休，是之前加班換來的，而且公司也沒有說不能一次休完，如果不讓我休，我就辭職。」當時仗著公司不能沒有我的心態，講出這句話，因為我的娛樂節目是全公司最賺錢的單位，我知道他不會希望我辭職。

　　後來老闆還是讓我休了，但我還是提前把休假那一個月要播的東西都錄完，所以就算休假，還是會有內容產出，頻道不至於停擺。

　　日後我回想這件事，換做是現在的我，可能不會這麼衝動，但**當時的我想法很簡單，如果公司不希望員工一次補休這麼多天，可以先講清楚，我完全照著公司的規定走，但公司自己訂的規則卻不遵守？我不懂。**

中文好是靠我自己努力的成果

　　大三時，去中國交換學生一年，一開始住的學校宿舍

是雙人房，後來學校說可以抽單人房，我表示想抽，但
學校不希望我抽單人房，問我能不能跟其他泰國學生住
雙人房，理由是我中文比較好，可以照顧他們。

我當下直接拒絕，理由是：「我是來這裡學習的，不
是來當褓姆時，中文好，是靠自己努力的成果，怎麼可
以因為中文好就要求我照顧其他人？」後來學校就讓我
去抽單人房了。記得當時還氣到打電話去罵班主任，中
文瞬間變得超好。

規則訂好，大家一起遵守，都沒有問題，但不要自己
訂了規則，又反悔，或不徵求當事人同意就自行更改，
那真的是只有，去死！

珍惜自己的價值，

這比成就感重要很多。

工作會告一段落，

自己會陪伴自己一輩子。

沒有誰不能被取代

在我當娛樂記者期間，學到最重要的一件事情就是：沒有誰不能被取代。

我曾經也擔心自己被淘汰，所以，想盡辦法讓自己成為一個難以被取代的人。在泰國，做娛樂節目的時候，公司會中文、泰文還能採訪、主持節目的人就只有我一個，但之所以能夠會這麼多事情，是我自己努力得來的，說努力可能也不完全正確，但至少在做這些事情時，我都很開心。

例如，我很喜歡採訪明星，所以，會很積極地抓住各種機會約明星採訪。每一場記者會結束，都會有媒體聯訪時間。但因為我們媒體是要給中國人看的，還得經過翻譯過程，這注定我們不適合跟其他媒體一樣做即時性

新聞，我們的優勢就要建立在「獨家」。

　　我會趁媒體聯訪結束後，趕快去纏住藝人，多問他們幾個問題，這些畫面就會變成我的節目內容，或我的報導內容，而且是其他媒體沒有的。其他人可能都千篇一律在講這個活動怎樣怎樣，或者是男主角是誰、女主角是誰，可是我就可以報出像是男主角最近有沒有什麼對象，或他的擇偶條件之類的。

　　這些都是上司不知道的環節，他們以為我只有做媒體聯訪，不知道我是因為獨家採訪這些藝人才獲得這些內容，而這也成了我的工作籌碼。

　　後來公司開始走下坡，我也選擇離職，不久後公司找到一個人替代我的位置，一樣是播報娛樂新聞，用一樣的方式，但做沒多久節目就收了。

　　其實我相信，公司要找到人取代我很簡單，但是他們忽略了一件事，節目內容是我想的，**我是以自己的特色去發想，做出一個最適合我主持的節目。但這樣的風格**

適合套用在下一個接棒的主持人身上嗎？不見得。但如果他們根據那個主持人的風格做另外一檔節目，搞不好可以做起來。

當回過頭看，發現公司竟然只仰賴我一個人撐起那個節目，這其實很可怕！雖然從我的角度來看，有種地位很高、難以被取代的感覺，但事實上，也表示公司沒有任何預備方案，沒有想過萬一我不在，節目要怎麼進行下去。

自我價值不應該建立在工作上

雖然節目倒了，但是公司也確實很快就找到替補我位置的人，人要被取代還是很容易的。

這也讓我明白另外一件事情，人的成就感不應建立在工作上。

如果成就感建立在工作上，當自己被取代，只會有龐大的挫折感跟自我否定，懷疑是不是自己做得不好。

很多老闆會鼓勵員工，只要替公司賣命，公司也會給予同等回報，但是我覺得大部分都是謊話。現在公司壽命有多短，新創公司能撐過 5 年就很厲害了，還能求什麼回饋？當奉獻自己的一切給公司，包含時間、健康，最後公司倒了？難道會不會懷疑自己到底這麼努力是為了什麼？

人努力工作是好事，但是努力是為了自己，不是為了公司。比如說提案發想，就必須清楚知道這個提案是為了公司還是為了自己，如果提案可以讓人賺進更多分紅獎金，那就盡量做，但如果自己無法獲得任何好處，有必要熬夜、加班嗎？我自己是覺得沒有必要，但如果這個提案對之後工作有幫助，那就很值得「投資」。

當我回過頭看，會覺得當初做的節目很棒，是我自己都會喜歡的東西，但是我不會因為節目收掉，就覺得自己做的東西沒有價值，那種成就感會一直留在我腦中，不會因為公司怎樣而有所改變。

當一個人努力過，公司頒發獎金，最該感謝的人是自

己，不是公司，因為這是自己努力得來，永遠都要把價值留在自己身上。

小時候，我的成就感來自於作文比賽、演講比賽得獎，雖然得獎很開心，但更讓我開心的是，我自己的中文居然這麼厲害，這些成就都是靠我每星期 2 天，每天 3 小時的一對一中文教學得來的成果。

別人給予自己的肯定，是別人的事，但是自己付出的努力，一定要最清楚自己有多棒！

拍影片，賺了錢，自己覺得很好笑，我很感謝自己，也會誇獎自己做得很好。表示東西有被看見，而且觀眾買單。我不需要公司誇獎，因為從瀏覽的數字就可以看見自己表現得好不好。如果換作是演員，就算票房不好，但自己肯定自己的演技，不也就夠了嗎？**掌聲是別人的手在控制，但成就感可以自己給予自己。**

工作跟生活的關係

在當娛樂記者期間，我不覺得工作與生活有明顯界線，原因在於自己真的很喜歡這份工作，我不覺得自己是在工作，而是在做喜歡的事情。可是當我離開後，發現原來自己那麼容易被取代，才發現工作畢竟是工作，只有生活才是自己的。

現在工作，我不會再把自己的私人生活扯進去，工作我就專心工作，公事公辦。但是發完影片，我覺得任務已經結束，就會去做自己的事情，追劇、滑 IG 都好。所以很多時候，我的手機不會開機，連經紀人都找不到我，他後來可以理解，那是我的私人生活時間，我不想被打擾。

但我真的發現台灣人很努力工作。例如，我的朋友，下班約吃飯還在回主管訊息，主管也很不客氣地，在下班時間一直跟我的朋友核對工作！搞得好像無時無刻都在工作一樣，我就想問：這到底為了什麼？

我真的要說，台灣人，留一點時間給自己吧！

換個角度看公司

如果仔細看公司規定或主管的言論，會發現有很多漏洞，如果能看出他們的漏洞，那表示其實可以善用這些漏洞。

像是前面提到的請一個月的加班補休假，可是主管不讓我請，說不能請這麼久。但我之所以敢這樣做，是因為公司沒有規定啊，公司只有說加班可以補休假，但沒有說不能一次請完，所以就抓到這個漏洞，一次請了一個月。

我離職前的上司，是個泰國人，他不懂中國市場，也不會說中文，所以我們跟他提案時，會故意說：「因為有中國網友留言說 XXXXX，所以我們才這麼做。」因為他不懂中文，也只能相信我們。而更大的上司不會泰文，我們就反過來講，說因為泰國網友說怎樣怎樣，所以我們得怎樣怎樣。

　　這樣做，沒有惡意，也不會對公司不利，而是認為有些事情就應該這麼做，但上面的人總是有他們的考量，就像我說的，泰國主管不懂中國市場，不會知道中國觀眾想看什麼，我們就必須想辦法讓他知道。

　　搞不好我講完這些，這本書可能會被各大公司列為禁書。但真要這樣我也無所謂啦，**我只是想表達，人沒有必要為了別人的公司賣命，命是自己的，好好過自己的生活比較重要。**

我可以很自信地說，

可以不贊成我說的每一句話，

畢竟每個人都應該要有自己的想法、

自己的立場跟觀點，

如果什麼都聽我的，那就真的是沒救了。

我拍片 不是閒閒沒事幹

　　剛來台灣，因為擔心自己的影片剪輯能力會變得生疏，所以從那時候起，我就開始拍影片。那時候拍的影片就是隨便想一些主題拍，或拍一些「外國人系列」，像是〈泰國人吃茶葉蛋的反應〉、〈不要再問泰國人這些蠢問題了〉、〈如何講泰式中文〉。

　　如果仔細看我上傳影片的時間點，會發現有很長一段時間沒有上傳影片，那是因為那時候在趕論文，都快死了，哪有時間拍影片？

　　好不容易論文交出去後，畢業了，頓時沒有事情做。我本來想繼續就讀博士班，可是因為論文太晚出來，錯過了報名博士班的時間，最快也要隔年才能報名。所以我就開始丟履歷，想應徵經紀人工作，可是都沒有下文，

甚至連面試機會都沒有。

有一天，我去找指導教授聊天，問她自己到底可以做些什麼。

我覺得人如果沒有生產，就會開始認為自己沒有價值。那時候的我就是處在這種狀況中，每天沒事做，生活就是追劇、追劇、追劇。老師聽我講完，就問我有沒有興趣拍影片，她也知道我本來就有拍影片，而且拍片也是一種創業，我說可是自己本來拍影片只是想記錄，還有練習剪接能力而已。我當時的想法是，學術跟產製端的思考模式完全不同，如果回去拍片，思考方式會不會又回歸到來念碩士班之前，那這三年半的努力不就白費了嗎？所以，其實一開始我是很排斥拍影片的。

可是有可能因為那陣子自己過得太廢了，於是，又開始拍影片，回歸 YouTube 的第一支影片是〈中壢景點一日遊〉。然後，從〈中泰不是一家親了嗎？〉這支影片開始，奠定了我目前為止的拍攝風格，我捨棄掉那些動畫特效，嘗試單一鏡位，挑選一個議題，面對鏡頭講完

我的觀點，一直到〈打拋豬放番茄就是死罪〉，我的影片突然間被好多人看見、轉載，甚至還上新聞，還有記者來訪問我。

坦白說，我完全不知道這支影片為什麼會紅，反正就是有人看了，不要再問這個問題了，我又不是觀眾，怎麼會知道。

當初只是想說沒素材可以拍，而且身邊的泰國留學生們都有聊過這件事，到底為何台灣的打拋豬要加番茄？而且用九層塔葉充當打拋葉，卻還叫打拋豬？我們泰國人都覺得很不可思議，加上打拋豬加番茄真的很噁心，對，就是死罪！

一鏡到底背後的祕密

後來我的影片大多都是一鏡到底拍攝，中間會剪掉一些停頓或講錯話的時候，讓影片更緊湊。我的影片時間大多都只有 1 分多鐘，甚至很多連 1 分鐘都不到，可是拍攝每一支影片之前，都要花很多時間反覆驗證自己

的論點有沒有瑕疵，最後濃縮成大家看到的那 1 分鐘。

以打拋豬那支影片來說，我就去查是不是台灣真的大多數打拋豬都是加九層塔。因為查了，所以知道九成以上的台灣打拋豬，都是加九層塔，而且一定會放番茄，我才敢這麼理直氣壯地拍這支影片，告訴大家這件事。

其他影片也是。我會反覆檢視自己的邏輯有沒有漏洞，因為我不想被人家抓住自己的漏洞，我可以很自信地說，可以不贊成我說的每一句話，畢竟每個人都應該要有自己的想法、自己的立場跟觀點，如果什麼都聽我的，那就真的是沒救了。可是，如果指著我的影片說我講錯了。那我必須說，不可能！**如果真的找到我的影片的論述有錯誤，那我會很感謝，但請明確講出來，不要只是說「你講得很爛」「你講話漏洞百出」。**

可以不認同我，但不能說我講錯。

我拍影片當然是為了賺錢，不然咧？

我曾經聽別人轉述網友留言，「娘娘怎麼也開始業配了」「娘娘變了」。我只想問，不靠拍影片賺錢，難道有人要養我嗎？！難不成覺得那些拍影片的人都是為了興趣、為了理想嗎？至少我不是，我沒事幹嘛拍影片娛樂大家？

既然開始認真做 YouTube 頻道，就表示我想要靠這件事謀生，那接業配一定勢在必行，如果不能接受我接業配，那就不要看。

也有人問：為什麼我的業配影片很不專業，都沒有把廠商的東西秀出來，連網址都不放。坦白説，這就是我的風格，而且我認為，介紹廠商的東西，只是幫忙曝光產品，告訴大家「現在有這個東西喔」。我的特色就在不像其他人業配食物吃得很誇張，説有多好吃，用一大堆形容詞。

我認為形容詞是一個非常主觀的東西，我説很好吃，

那是我覺得很好吃，但其他人吃了可能會覺得難吃得要命。如果因為聽了我說很好吃而去買來吃，可是覺得不好吃，那是不是會認為我在騙人？最後就不會看我的影片了。既然知道會有這種後果，當然就沒必要用一堆誇張的形容詞，告訴別人這個食物有多好吃，**我用自己的方式呈現出來，讓人有慾望想要買來試試看，對我來說，這就夠了。如果廠商不能接受這種作法，我也不會勉強合作。**

我想當不一樣的外國人網紅

很多外國人在台灣做 YouTube，我發現大家做的方式都差不多，不外乎就是比較台灣與自己國家的食物、文化，然後一直試吃臭豆腐、皮蛋、豬血糕，再來就是講台灣有多好，超商很方便、治安很好、捷運很乾淨。

講這些沒有錯，每個人都有自己的想法，可是對我來說，這些東西總有一天會被講完，而身為 YouTuber，可以擁有「外國人」的身分優勢到什麼時候？

　　如果想把經營 YouTube 頻道作為自己的謀生工具，就一定要做出跟別人不一樣的東西，所以，我不排斥多方發展，上電視節目也好，上廣播也好，甚至這本書，都是我覺得自己可以做的部分，也是我能做出跟別人不一樣的地方。

做一個 YouTuber 有什麼訣竅嗎？

　　雖然我嘗試很多事物，但這些嘗試都是有原因的，也有我自己的經營考量，至於是什麼，我沒打算公開，加上經營 YouTube 頻道也不久，我覺得也沒有什麼好分享的。

　　我認為要**做內容創作，而且要靠這個賺錢，第一件事就是要多讀點書。這不只是適用於知識型網紅，無論做旅遊還是吃播，都要對自己做的事情有深入的研究。**例如，我分析台灣與泰國的差異，也是去找很多資料參考，確定自己的說法沒有問題，才敢拍影片跟大家講。

　　很多人怕當 YouTuber 容易被攻擊，但我認為如果自

己的論點沒有問題，就不用怕被攻擊，至於那些情緒性
發言，真的可以不用理會。

我也必須承認，有時候沒題材時，我也是會看大家留
言罵我什麼，這樣我才能拍影片罵回去。

我對數字很無感

我不會去看自己影片的瀏覽次數，或喜歡的人有多
少，有多少人不喜歡。這些經紀人都會告訴我，而且他
只會跟我說哪支影片流量很差，很好的他都不會講。

我其實不在乎數字，但這不代表我不用心做影片，對
我而言，數字沒辦法代表一切。我可以理解經紀公司希
望影片流量好，我當然也希望，可是**我看的不只是流量
數字。如果一支影片被轉發很多次，或裡面有講到我想
講的東西，還是我覺得很好笑的內容，縱使觀眾不買單，
我也無所謂。**因為自己做了想做的東西，這對我而言，
才是重要的事情。

　　現階段，我還在累積自己的作品，因為我從 2020 年 4 月開始認真拍影片，到後來經紀公司簽下我，認真經營頻道的時間其實並不久，所以覺得還是想要多嘗試不同的東西。因此，我也有跟政治人物合作，甚至還開了料理的主題影片，基本上只要想到要做什麼，就會立刻跟經紀人討論。

　　最後回覆那些說我影片很簡陋的人，老娘沒有義務要多說明什麼，或者要買新手機給我拍片，也可以。

如果哪天沒有人想看我的影片了，

我的頻道關注數大幅下降，我會怎樣？

坦白說我不會怎樣，也並不擔心，

要擔心的應該是經紀公司吧。

如果哪天沒人關注我了……

如果哪天
沒人關注我了……

上班族工作都會換來換去，更何況是 YouTuber，觀眾只要花幾秒時間就可以取消追蹤，不紅，一瞬間而已。

有人問我，如果哪天沒有人想看我的影片了，我的頻道關注數大幅下降，我會怎樣。坦白說不會怎樣，也並不擔心，要擔心的應該是經紀公司吧。

我不敢說自己的影片做得多精緻，影片剪輯比我厲害的 YouTuber 到處都是，但我敢說自己很認真在經營頻道。我隨時都在想自己的下一支影片要拍什麼，要做什麼題材比較好笑，或可以引起什麼共鳴，也很常跟經紀人討論還可以嘗試什麼新東西，**每一支影片都能很有自信地說，我付出自己的全心全意去製作。**

可是網路上要過氣實在是太容易了，哪天我可能講錯話，或風格不再被喜歡，大家決定要退追蹤我，也很有可能！所以我不會去想這件事，只會想著下一支影片如何做得更好，還有已經錄好的影片可以怎麼剪，因為光想這些就已經很累了，好嗎？！

不紅了，就當老師吧！

萬一真的沒人看了，我要做什麼？其實，我本來就打算讀完碩士班要繼續讀博士班，一開始本來想說博士班可以研究女性向 A 片的觀眾，後來又覺得研究產製端也不錯，不過因為碩士學位太晚拿到，肯定不可能緊接著報名博士班，如果我過氣了，或許有可能走這條路？還記得我講過自己從小就想當老師嗎？如果有機會，我還是很希望可以當大學講師，學術研究對我來説真的很有趣，我也對朋友説，就算沒有拿到博士學位也無所謂，因為光是做研究這個過程就可以讓我很快樂、很享受。

有人問我：「那你的粉絲怎麼辦？」

其實，我從不把自己的「觀眾」稱作粉絲，我是做粉絲經濟研究的人，很清楚粉絲會有什麼舉動，像是抖內、追星、送禮物送卡片……這些我通通都沒收到，他們只是喜歡看我的影片，這種不叫粉絲，叫觀眾。

如果不做影片了，我的觀眾生活還是會繼續啊！我曾經在影片上說過，並沒有想要影響誰，也沒有要對誰說教，如果有人被影響，那是他自己的事，是他的立場站不住腳，才會受到我的立場影響，選擇繼續看我影片也是觀眾自己的決定，不看也可以，這些都不是我能控制的。

所以，問我對觀眾們如何交代，我會說我沒必要給任何人交代，自己的人生要對自己交代！

我拍影片沒有要娛樂任何人

從一開始我拍影片就不是要娛樂別人，一直到現在也一樣，我拍影片只拍自己覺得好笑、好玩的影片，至於觀眾喜不喜歡，不關我的事，我也在影片講很多次，不

喜歡就不要看！

我不是為了取悅你而存在。

　　就是因為不是為了取悅大家而拍影片，所以就算沒有人要看我影片，我還是會拍，但沒人可以要求我要拍出符合別人覺得好笑的影片，沒人有權干涉我要怎麼拍影片，除非拿錢來。

　　我覺得這個道理不只用在拍影片，像是喜劇演員，平常就可能會被要求講笑話來聽聽；或魔術師，他們跟朋友聚會一定也會被說變一兩個魔術。可是到底為什麼別人要取悅你？別人表演是有錢可以賺的，無償請別人表演，憑什麼？要是我就會說：「我不要，憑什麼？」。

成名後有沒有帶來什麼困擾？

　　沒有欸，偶爾在路上會被認出來，出電梯會聽到人家說：「那個好像是娘娘欸。」僅此而已。

　　但是，我早就做好把私生活攤在大家面前的準備了，如果在路上拍到我很醜的樣子，或我跟哪個帥哥手牽手逛街，我也無所謂，因為這就是公眾人物要承擔的結果。

　　我的工作就是把自己的私生活賣給觀眾。

　　所以，我不是很懂有些人一直請求媒體跟大眾給他們私人空間。只要是公眾人物，一走出家門，就注定沒有私人空間，這不是很理所當然的事情嗎？因為有名，就會被大家關注，難不成要大家都假裝沒看到？如果要私人空間，那怎麼不待在家就好？

　　當個 YouTuber，我就是把自己的聲音、肖像、外表通通賣給觀眾，我在做的事情就是讓自己的私人空間在觀眾的私人空間播放。我很清楚，只要走出家門，就沒有自己的空間。但相對地，只要我想，到處都可以是我的私人空間。

　　我最近有個興趣，如果那天沒有排工作，我就會挑一班公車，從我上車搭到終點站，然後再搭回來。對我而

言，只要是自己一個人，身邊沒有認識的人，就是我的私人空間。在公車上，一路上可以想很多事情。例如，接下來可以拍什麼影片，或等一下影片可以加進什麼笑點，採訪來賓可以問他什麼問題，而且還很喜歡觀察路人，這點可能遺傳自我爸，我覺得路人的一舉一動都很有趣。

下次如果在路上遇到我，要跟我打招呼或合照都可以問，因為大家在私人空間被我的影片占據，而我的私人空間也沒有權利拒絕大家。

我可以從每個人身上看到他幽默的那一面。

對我而言，沒有人是絕對正經的，

他一定有自己好笑的地方，

或許我能找到的話，就比較有可能成為朋友吧。

誰說好東西要一起分享，有困難要共同面對？

在泰國，「朋友」這個詞在很多地方都會出現，像是一起共事的朋友，一起上學的朋友，一起出去玩的朋友。

「朋友」，對我們泰國人來說，定義是很廣泛的，每個人都是朋友，雖然也會分好朋友跟普通朋友，或不熟朋友，但只有我們自己知道哪裡不一樣。不過對我而言，朋友就是朋友，我不會特別細分好朋友或普通朋友，如果不是朋友，可能會是同事、同學或為了某些需求而維持的人際關係。

跟朋友在一起，可以一起出去玩、吃飯、聊天，像是我很常跟朋友講電話，從以前到現在都是，只是現在換成講 LINE 電話而已，每次一聊就是好幾十分鐘，以前還可以聊上數小時。

朋友之間，就算很久沒聯絡，也還是朋友，我們都知道對方可能最近比較忙，或也沒有特別什麼好聊的，但久久還是會聯絡一下，講一下最近發生什麼事。

那麼我有沒有特別喜歡跟什麼樣的人當朋友呢？我覺得好像沒有一定的標準。至於是否喜歡跟幽默的人在一起，我覺得自己可以從每個人身上看到他幽默的那一面。對我而言，沒有人是絕對正經的，一定有他好笑的地方，或許我能找到的話，就比較有可能成為朋友吧。

有福同享、有難同當？

台灣人應該有聽過一句話：「有福同享，有難同當。」講的是好朋友之間的情感，有好東西要一起分享，有困難要一起面對。

誰說的？

朋友遇到困難，如果需要幫忙，我願意幫忙，但我身邊朋友沒有這種人，我的朋友都跟我很像，**遇到困難會**

自己解決，然後再跟對方分享自己碰到什麼問題，以及自己是怎麼解決。我們第一時間會想到的是，如何自己處理，而不是直接找朋友幫忙，也不會覺得朋友就應該幫忙，自己的問題憑什麼要別人來幫忙？

如果是利益，當然有什麼好東西我會願意分朋友，像是生日，我很樂意請朋友吃飯，或買了什麼好吃的可以大家一起分著吃。但是，如果這個利益是靠我努力得來的，誰說一定要分享？

例如，公司給我一筆獎金，這是我努力拍影片賺到的，以「有福同享」的觀念來看，是不是該拿這筆錢請大家吃飯、唱歌，但為什麼我要這麼做？

也不是說我就不願意請大家吃飯，但我覺得出發點應該不是基於「有福同享」這個概念，而是純粹自己想要請客，純粹希望跟大家分享自己的喜悅，但如果是那種跑來跟我說，朋友要「有福同享」的人，我一定會叫他去死。

我認為跟朋友在一起，就是福，尤其像我一個人在台灣，我的好朋友都在泰國，很少能聚在一起，頂多講電話、視訊。現在對我而言，可以在一起就是最快樂的事，沒有一定要分享物質的東西。

我在泰國有兩個好朋友，如果一起出去，都可以玩得很開心，**這種開心不是建立在某個人會請大家吃喝玩樂上，如果是這樣，那就不叫朋友了吧？這種有利益關係的人，對我來講叫作「人脈」，不是朋友。**

我沒必要討好誰

不久前，我退出了已經沒有想要聯絡的前同事或同學群組，我什麼都沒說，就按下退出群組的按鈕。

在密集相處時，我們感情滿好的，大家會聊天玩耍，也會一起出去吃飯。可是分開後，大家都有自己的事情要忙，漸漸地，我覺得自己在群組裡有種應酬的感覺，例如，他們會傳訊息說我上節目很好笑，或者有一搭沒一搭地聊天，但這讓我越來越覺得自己沒必要

待在這個群組，所以我就退出了。

我先聲明自己並不是討厭大家而退出群組，只是他們對我來說並不是朋友，大家分開後已經沒有了同學或同事的關係，我就覺得沒有必要繼續維繫這個感情，我也對他們的人生沒有興趣。如果繼續待著，附和著他們的話，就變成在討好人，不是發自內心想要聊天而跟大家聊天，純粹是因為大家跟我聊天我才回應。

看到我退出，有幾個人傳訊息問我為什麼退出，我就先開玩笑說因為你們很煩，然後說我覺得沒必要待在這個群組，他們也沒說什麼，只說改天約吃飯，我回答好。這句話絕對不是敷衍，因為如果真的想跟誰吃飯，我會毫不猶豫地約。

按下退出群組那一剎那，其實我腦中有閃過一個念頭：「他們會不會覺得我大頭症？」但這念頭只閃過一瞬間。後來我心想，**如果覺得我大頭症，那就是囉！因為就算再怎麼解釋，如果已經給我貼上大頭症的標籤，是不可能撕得掉的。**

　　換作是朋友，我就不必在他們面前強顏歡笑，或硬要回覆他們，因為我沒有回，他們就知道我不想回，或不知道回什麼。我人生中只需要這種朋友，因為我並不想討好任何人。

有人問我職場上有沒有朋友，

我會說：「有。」

但我不想把同事當朋友，

因為朋友之間不見得好溝通……

同事，就只是同事

大學畢業後，我申請了台師大的國文所，遞出申請書的時候我很有信心，因為從小對於想做的事情，如果沒有十足把握，我是不會做的。申請國文所也是一樣，我中文那麼好，沒理由不讓我上吧！

距離上榜公布還有 3 個月，我想說不然來做點什麼好了，於是打開電腦上網找工作、投履歷。一開始曾經想，要不要應徵高中的中文老師，但又很猶豫，因為我比較想當大學講師，只是要在泰國大學任教，至少要有碩士文憑，當時還沒拿到碩士學位，所以，不可能到大學教書。後來想了想，還是決定放棄找高中中文老師的工作。

同時間，我看到一間新創媒體公司釋出記者職缺。記

者這個職業對我來講很陌生，我很想知道這個工作在做什麼，所以，就應徵了。選擇記者這個工作還有另一個理由，因為**我從小就覺得人脈很重要，也相信人脈可以帶給我很多好處，而記者這個職業可以接觸到各種人，這些人或多或少對未來一定會有幫助**。而事實也證明，從事娛樂記者這段時間認識的很多人，幫了我的碩士論文一個大忙。

神奇的是，我竟然被錄取了

　　還記得當時去面試，因為公司大老闆是中國人，他們對我擁有良好的中文能力很感興趣，加上他們聽説我在大學有學過中國歷史，所以，面試官趁機問了我一堆中國的歷史問題。只是那時我一題都答不出來，那些題目我怎麼可能知道，我是中文好又不是中國歷史好，但神奇的是，我竟然被錄取了，到現在我還是不知道他們為什麼要錄取我。

　　這間公司很新，人也不多，所以，沒有分線，記者什麼線都得跑。我錄取的是綜合線記者，各種新聞現場都

要去，同時間還要四處跟客戶、公關公司要邀請函。

　　小時候，我很愛看娛樂雜誌，所以，我首先就鎖定各大娛樂新聞，什麼電影、電視劇、唱片發表會、商演等場合都去過，但同時間我也得跑其他新聞。直到有一次去了黃衫軍示威遊行的新聞現場，我真的嚇壞了，這種新聞完全不適合我啊！看我這樣子也知道，怎麼可能適合播報示威遊行的新聞。所以，就更篤定要往娛樂線發展。

沒必要非做記者不可

　　這個時候，台師大國文所的錄取通知書出爐了，我沒有上榜。

　　說實話我滿訝異的，但也沒有想太多，回頭繼續做好娛樂記者的工作。**我要強調，自己並不是將就地待著，而是真的喜歡做娛樂記者**，否則記者的薪水在泰國也不高，平均大概才 2 萬泰銖（當時還比台灣的 22K 低），沒必要非做記者不可。

　　後來，老闆看我的娛樂線經營得不錯，提議讓我開一個娛樂新聞節目《泰八卦》。我跟同事們從提案到執行一手包辦，但我們沒有人有做娛樂新聞節目的經驗，只能不斷摸索嘗試，每天朝夕相處，也會互相開玩笑、聚餐、出去玩，大家感情越來越好，就像朋友一樣。

　　只是，大家都是來工作賺錢的，總有一天會離開去別的地方。

　　後來，工作兩年多，一起共患難的同事們紛紛接連離職，雖然我很清楚大家遲早都會離開，畢竟誰會一直待在那邊，那間公司沒有什麼前景，但我還是有點難過。

　　這樣的情緒沒有持續太久，因為公司很快就有新的員工報到，前同事們的位置也慢慢被遞補，反觀我自己，還在公司裡，得面對本來就該持續進行的工作，難過於他們離開對我來說，沒有任何幫助，也沒有用。

　　在這群要好的同事離開後，我認知到一件事情，「同事，就只是同事」。

並不想把同事當朋友

　　後來面對新同事，我不再把情感投注在他們身上，可是這不代表我工作很嚴肅。我還是跟大家有說有笑，如果同事約下班吃飯，我還是會去，只不過如果是從前那群同事，下班出去玩對我來說，更像跟一群朋友出去玩。但後來下班後的聚會，就會比較像應酬，因為我需要跟同事保持良好關係，工作上也需要他們協助的地方，如果不跟大家互動，對我也沒有任何好處。

　　有人問我職場上有沒有朋友，我會說：「有。」但我不想把同事當朋友，因為朋友之間不見得好溝通，而且當「朋友」有天離去，心情勢必會受到影響；**如果把同事當作一起工作的人，就會發現人不就是來來去去，只要他們工作表現好，不要讓其他人難做事，同事是誰，其實都沒差。**

　　至於我跟那群很要好的前同事還有沒有聯絡？有啊，我還是會在他們的 FB 貼文按讚。

我幫他，他幫我，

對我來講，這就是人脈，

如果我沒有給他好處，

他也不會鳥我。

我從小就知道人脈的重要

或許因為我爸沒有什麼人脈吧，讓我更加知道人脈的重要性。而且他也曾對於我們有能力維繫人脈，表現出鼓勵，加上**我自己做過一些事情，鞏固對我有幫助者的關係，也的確實際獲得他們給的好處，讓我更加相信人脈真的很重要。**

我爸幾乎沒有人脈可言。

很多時候，他都是靠錢來解決事情，像是我、我哥和我弟都是讀曼谷基督學校，這是泰國最古老的貴族男校，也是泰國四大男校之一。作為泰國一流學校之一，當然會有名額限制，更不用談到底有多難考。以我當時的水準，要憑實力考進去，門都沒有！我們全家只有我姐是靠考試進到另一間女校，剩下我們三個是靠

特殊管道。

我爸很希望我們都能讀這間學校，因為學校的教學很好，又是有名聲的學校，但我哥、我、我弟都考不上，我爸也沒有認識任何校內的人，他只好用最古老也最直接的方法——關說。我記得他分別花了 20 萬泰銖讓我們三個就讀曼谷基督學校，三個人加起來就是 60 萬泰銖，還不包含學雜費，這些是給學校「提供更好的教育」「完善校內基礎建設」用的。

如果他認識校內的人，或許就能透過別的方式讓我們進去。可是他誰也不認識，所以，就只能花錢了事。那還是因為他有錢，如果沒錢，我們連踏進校門的機會都沒有。

把自己的價值創造出來

人脈除了積極地去建立外，我認為還有一個重點是，要創造自己的價值。比方說我在台灣拍影片，到現在擁有一些可利用的價值和、流量，人家就會開始來找我業

配，或幫忙宣傳、出席活動。

　　媒體也會來找我採訪，他們採訪我，肯定是我有他們可以報導的價值，而對我來說，這也是一種曝光的機會。如果我更進一步維繫這段人脈，將來有什麼獨家就讓他優先報導，以後當我需要幫忙，他幫忙的機率也比較高。

　　時代總是不斷轉變，權力不再集中在某些人手上，如果把自己的價值做出來，有東西可以給別人，就會有人主動來建立關係。

　　但我覺得要釐清一點，**人脈不是靠「情感」的建立，而是「利益」的交換。如果投入情感，就會覺得我上次幫忙，怎麼這次沒有幫我，這已經不叫利益交換，這叫「情感勒索」。**

　　只是要瞭解，別人沒有義務要幫忙，願意幫忙，是看中有他可以利用的地方，不幫忙，可能也只是覺得幫忙對他沒好處而已。

我很清楚自己正在做什麼，

所以，我所做的改變都是有目的，

而且為的是我自己，

我沒必要跟誰交代，

因為改變的出發點是我自己。

人都會變，不能接受我改變那是你的事

從開始拍片到現在，我拍的東西、風格一直都在變。大家比較認識我，應該是從對著鏡頭評論一件事情的那系列影片開始。後來還有煮菜給大家看，還有跟其他 YouTuber 合作，慢慢地也開始有客戶找我業配。

我的影片所有改變，都是有商業化考量，例如，拍吃泰式料理的影片，就是想讓大家看到我懂泰式料理，我能說出料理好吃以及不好吃的地方在哪裡。這樣如果有像是「泰式咖哩調理包」的客戶看到，或許就會找我拍影片宣傳。但當然這當中也會考慮到觀眾喜不喜歡看這樣的內容，畢竟如果沒有瀏覽量，也無法吸引客戶付錢找我。

我總是大方承認，自己就是為了賺錢拍影片，所以我

拍的東西會一直變化，不可能永遠都拍一樣的東西，這樣能賺錢的來源太少，一定要想怎樣才可以替自己賺到更多的錢。例如，我不可能一直只拍吃播，這樣永遠都只能接到食品類的業配，必須拍像是旅遊、跨界合作等等的影片，才有更多商業合作機會。

如果要說這樣很勢利？對啊，我就是勢利，而且靠拍影片賺錢，這跟一般人上班賺錢，有什麼不同嗎？

我很清楚自己正在做什麼，所以，所做的改變都是有目的，而且為的是自己，我沒必要跟誰交代，因為改變的出發點是自己，所以才可以很直接對那些質疑我怎麼變了的觀眾說：「不想看就不要看。」

如果改變只是因為自己不符合別人的期待，像是不夠瘦、講話不夠好笑，我覺得人活著沒必要迎合別人，因為他們不必替我的人生負責，但若我選擇這樣的改變，就是自己的決定了。

我沒必要說服別人

對於網友也好，家人、朋友、同事都好，我一直相信，人都會有既定印象，也都會有先入為主的觀念，要改變這件事很難，我也覺得沒必要。

所以，我聽到經紀人轉述網友罵我什麼，也不想去澄清，因為當別人已經信以為真，再怎麼努力說服，他都只會選擇相信他想相信的。

這就回歸到一件事：溝通。

對我而言，溝通是雙向的，但很多人以為，溝通就是把自己的想法講出來，然後希望對方聽進自己的想法。但我認為溝通的重點應該是傾聽，有效的溝通是有一方把另一方的話聽進去，不見得要有共識，但至少願意接受對方的論點，這是一個平行、平等的過程。

如果只能接受一方聽另一方說，那不叫溝通，叫洗腦。

酸民的攻擊

身為一個 YouTuber，我知道一定會有酸民攻擊我。拜託，連天王天后都會有人要攻擊，一個跨性別胖子，怎麼可能不被攻擊。

但是我發現，大家攻擊的點不外乎是「胖」、「娘」、「禿頭」。我想再講一次，這些針對外表的攻擊，我從小到大都沒有缺乏過，如果覺得這樣的攻擊會對我造成影響，就太小看我了！所以，我還曾經拍影片要酸民們加油，而且我是認真希望他們加油，可以多看點書，找一些能真正攻擊到我的點。

我一直認為，自己的外表就是這樣，我很喜歡，但如果不合別人意，可以不要看。但如果看了又要罵，這是什麼心態？然後，**針對我的性別認同攻擊，我更是不懂，我覺得自己是男生或女生，或喜歡男生還是女生，到底關別人什麼事？**

我被罵或被討論是沒差，如同我拍的一支影片〈我的

性別認同不需要你插嘴〉，就在裡面說了：「**我的性別**
認同不需要別人的認同、接受、包容，我的性別認同我
自己決定，由不得任何人插嘴。」這是我對於自我性別
認同的定義。

　　生活上遭遇到這種攻擊，對我來說都是家常便飯，而
且都還能拍成影片嘲笑一番，可見這些攻擊真的很多，
只是沒有一條一條唸出來而已，有些人還會私訊罵我，
我覺得他們也真的是很想罵我，才會這麼努力，雖然罵
得不好啦。

Part 3

我認同
這樣的我

對朋友，我不會計較，

因為我覺得錢就是要花在重要的人、事、物上，

朋友很重要，美食很重要，

通勤舒適度很重要，這些錢我都很捨得花。

花錢不就是讓自己快樂？！

從小到大，我爸沒有讓我們一家人餓到過，而且想要什麼，只要告訴他，都會買給我們。

雖然我爸爸在金錢方面很慷慨，但我是個物質慾望很低的人，看我用的手機就知道，上一支手機用了 7 年，而且還是我爸看不下去我用傳統按鍵手機買給我的。7 年後，手機終於被我用壞了，才換新的。而且也不是多高階的手機，對我來說手機可以傳 LINE，滑滑社群、講電話就夠了。大家看影片中常出現的那個 Hello Kitty 保溫杯是我媽送的，很多網友都叫我換保溫杯，因為已經很斑駁了，可是還是很好用啊！我現在拿的包包，也是我唯一的包包，也是媽媽送我的，用了 5 年，雖然有一點舊了，可是沒有壞，重點是媽媽送的，也捨不得換。我不需要太多包包，到底要那麼多包包幹嘛？

東西沒壞為什麼要換？

對我來講，東西可以用，我就會一直用到壞掉為止，還可以用就沒必要換，不過如果手機真的壞掉，我還是會毫不猶豫換一支，壞掉的東西直接丟掉，也不會捨不得。

還有一個大家聽到都覺得很誇張的事情。我去中國讀書時，帶的是我爸的舊筆電，我不知道型號，只知道非常舊，因為光是開機，就要等至少 2 小時才會好。所以，我都會先按下開機鍵，然後去洗澡或做其他事，等到回到電腦前，電腦可能也才剛開好。就可以知道這台電腦舊成什麼樣了，但我也從沒想過要換掉它，因為它還可以打字，能讓我打報告就夠了，而且沒有電腦也不會怎樣，真的需要電腦，去其他地方找電腦用也可以。

我人生中花過最多錢買的非必需品，是大學時買的一台拍立得，當時看同學用，覺得很不錯，而且拍完可以立刻洗出來，不覺得很可愛嗎？！我前前後後猶豫了一個多月，最後花了 3,500 泰銖買下它。後來還帶著它去杭

州讀書，也帶來台灣讀研究所，到現在也還陪著我。**我認為，物品的意義不在於永遠留著，而是可以用的時候，物盡其用。**

每天搭計程車上學

但是如果我不說，應該沒有人想得到我是那種可以天天搭計程車上學、時常吃高級餐廳的人。

我大學就讀於華僑崇聖大學，如果用台灣的地理位置來看，大概是在桃園吧。而我家在曼谷，相當於台北。但我沒有住學校宿舍，而是每天搭計程車通勤。對，就是台北到桃園來回都搭計程車。為什麼？因為住家裡比較舒服啊！媽媽會煮好飯等我回家吃，也會幫忙洗衣服，我覺得很棒啊！

我爸也認為這樣比較好，因為他希望我住家裡，而且只要是我覺得對自己好的，他都捨得花錢，但只有一件事例外，曾經讓我想不通。小時候我跟他要錢去補習，他一口拒絕，因為他覺得小孩就該玩樂，不應該去補習

班。我當時覺得他很奇怪,想要補習就是希望讓成績變好,他卻不希望我去。不過後來他的想法有改變,例如,我説要來台灣讀研究所,他就答應贊助我,因為他現在覺得人還是要多讀點書。

除了捨得花錢搭計程車外,我對於食物也很願意花錢。讀曼谷基督學校時,身旁的同學都是有錢人的小孩,所以,他們也都樂意陪我去吃好吃的,我記得當時一天可以花 3、5,000 泰銖吃飯,其中一餐可能是在五星級飯店吃或什麼高檔餐廳。

我覺得錢要花在讓自己舒服的地方。

這些行為可能會覺得我很奢侈、很浪費,但是,我覺得錢就是要花在讓自己舒服、開心的地方。就像有些人會花錢買名牌包、高級衣服,但這些我都不會買,身上穿的衣服都幾百元而已,穿好幾年都不會換。但我就是捨得花錢吃好東西,而這就是我認為值得花的地方。

當娛樂記者時,一個月賺 2 萬多泰銖,我一個月可以

存 1 萬多泰銖，怎麼辦到的？因為住家裡，除非有聚餐，不然晚餐都在家吃，而且省下住宿費，又不會買奢侈品。我花最多的就是吃，去吃高檔餐廳、我最愛的泰國東北菜，吃，可以讓我很快樂。

我的金錢觀絕對不是唯一正確的生活方式，也沒打算提倡大家一定要跟我一樣，因為我的生活環境跟條件允許我這樣做，但每個人的狀況都不一樣，別人有可能比我更奢華，或更節儉。盡可能在自己擁有的金錢範圍內獲取幸福，才是我想要表達的。

錢買不到快樂？去死！

有一句話説：「真正的快樂是金錢也買不到的。」我只想説：去死，沒有錢怎麼會快樂？如果沒有錢，我還能想吃大餐就去吃、想搭計程車就搭嗎？沒了這些享受，我不會快樂，錢很重要的，好嗎？！

有人問我會不會怕被説死愛錢，我才不怕啊！因為我就是愛錢，而且愛錢哪裡錯了？**很多人會把「愛錢」視**

為負面的詞彙，但是生活中到處都需要錢，想要吃一頓好料的，或買一個包包給自己，這不都需要錢嗎？而且老娘現在自己賺錢自己花，有什麼不對？反過來說，節儉為什麼就是好事？大家有想過這個問題嗎？

想把錢花在自己覺得重要的人身上

我花錢在自己身上不會手軟，同樣地，花在朋友身上，我也很樂意。在泰國，朋友生日的話大家會一起慶祝，像是一起去吃飯，最後壽星要請客，當然不見得大家都這樣，但多數情況下都是壽星請客。只是我就會看交情，如果是很好的朋友我會請，如果是不熟的人我就會叫他自己付，結果我曾經因為這樣被說小氣。

對朋友，我不會計較，因為我覺得錢就是要花在重要的人、事、物上，朋友很重要，美食很重要，通勤舒適度很重要，這些錢我都很捨得花。但對不熟的人？我只想說：「你以為你是誰？」

說我小氣的人，一定不知道我曾經借很多錢給別人都

沒拿回來。當娛樂記者時，常常有人跟我借錢，猜猜看我有沒有借給他們？我借了。其實也不多，就幾千元吧，以台幣來說不多，但以泰銖來說可以生活一個月了。而我借錢都是抱持著不會要回來的心情借出去，不會跟別人要錢，也不會催別人還錢，對方不還，也不會怎樣，只是，換成他欠我一條人情。

人情貴不貴？我覺得人情比那 5,000 泰銖貴多了。如果工作上遇到不想做的事情，我就會請那個曾經跟我借錢的同事幫忙，他通常也不好意思拒絕，因為他知道自己欠我錢，還我人情是應該的，像是有記者會我不想去，我請對方去，對方也只能客氣地答應。

我們公司司機曾跟我借錢，我也是借他。但如果遇到週末我要去活動採訪，我就叫他載我，雖然公司有留守的司機，但我叫他載我比較心安理得；有時活動結束我不想回公司放器材，也會叫他直接載我回家。看看欠人家人情是不是很可怕？所以，我從來不欠人家人情，人情太貴了。

除了接受自己胖，我也很滿意自己胖，

現在我很喜歡自己的樣子，

不會因為身材不符合社會主流審美價值，

而覺得自己醜或美，

我的樣子只有自己可以決定。

我愛吃，所以我胖，這有問題嗎？

　　我從小就胖胖的，什麼死胖子、肥豬，關於胖子的一切綽號我都被叫過，而且還是個跨性別，從來就不缺綽號。再加上在泰國，大家已經很習慣用玩笑性的言語稱呼別人，什麼胖胖的那個、黑黑的那個、很娘的那個、那個 gay，所有能想到的負面形容詞，通通都曾用在我的身上。

　　雖然都是具有歧視性的稱號，但曾經有人幫我取一個綽號很喜歡，國中同學都叫我：烏龜。因為我行動緩慢，又圓滾滾的。所以，儘管他們的出發點是嘲笑，但我覺得被賦予一個小動物的綽號很可愛，甚至還會跟陌生人自我介紹叫「烏龜」。

我為什麼要減肥？

因為從小就胖，而且不覺得外表很重要，所以，我從來沒想過要減肥，但是總是會有一些聲音，像是「你要不要試著減肥？」「你瘦下來一定很好看！」「你太胖了不健康！」我都很想叫這些人去死。**為什麼我的身材在別人的生命中這麼重要？如果我變瘦，是不是又會說胖胖的比較可愛？那就永遠都離不開別人的評論啊！**

而且很多人明明一直說我胖，遇到自己不喜歡吃的東西，還是會拿給我，或一起吃飯一直叫我多吃一點不用客氣，老娘沒有在客氣，不用提醒我不用客氣！還有，如果自己不想吃，就不要拿給別人吃，怕浪費食物就自己吃下去！

自己的身材掌控在別人眼裡的人，很可憐。

如果因為別人的嘲笑、攻擊我的身材，我就崩潰，那我不知道已經崩潰幾千遍了。但之所以沒有崩潰，還活

得好好的，是因為知道自己是什麼樣的人。

認識我的人都知道我很愛吃美食，為了好吃的東西，花再多錢都不會心痛。而且一餐好幾千元，眼睛都不會眨一下。既然這麼愛吃，那就絕對不可能瘦下來啊，我又不是那些怎麼吃都不會胖的大胃王。而且如果要我為了變瘦而放棄美食，不可能！叫我去死比較快。

我認清自己就是個愛吃的人，既然愛吃，就會變胖，這完全是可以預料的結果，那又何必把其他人對我身材的攻擊放在心上？對我而言，他們就只是闡述一個事實，叫我胖子，就只是真的胖啊，難道要叫我瘦子嗎？！

我曾經會攻擊回去

過去被嘲笑身材，我通常都會罵回去，甚至也曾嘲笑過別人的身材，當時的我們都不曉得這叫作霸凌，直到現在才知道，原來當時講這些玩笑話，很有可能讓別人的心理受傷，畢竟不是每個人的心理素質都一樣強，別

人也不見得可以像我一樣,這麼認同自己的身材。

　那時候還會覺得這只是玩笑,沒什麼大不了,所以,無論別人開我身材玩笑,或我開別人玩笑,都覺得沒什麼。但是**我後來心想,當我罵回去,或嘲笑別人的同時,自己也成了霸凌者了,如果可以,我想對那些曾被我開玩笑的人道歉。**

　霸凌無所不在,我相信現在校園裡、社會上都還是有各種霸凌。有人問我,要怎麼避免遭受霸凌?**我覺得重點在於霸凌者的行為我們無法控制,所以,他要霸凌,也沒轍,但我們可以做到的是,讓自己的心理素質變得更強大一點。**

　有一句話說:「謙虛使人進步。」但我覺得這是屁話!**人應該要時不時鼓勵自己,讓自己覺得自己做得很好,有自己優秀的地方,一旦找出自己的價值,就會知道,根本沒必要遭受那些對待,**因為認為自己很棒,知道對方不會的事情,懂得比他多,透過這個過程,就算遭受他人霸凌,也就比較不容易被那些話影響。因為

知道自己不是他們口中的那個樣子，縱使瞭解他們口中的自己，那也是因為自己已經自我認同而已，就像我接受我是個胖子一樣。

我們沒辦法阻止他人的霸凌，但可以讓自己不受霸凌所傷。

找出自己的價值，不是說要功課很好，或很會賺錢。當時對我們這種非異性戀的人來講，會搞笑就是一個價值，因為可以替大家帶來歡笑，在別人大笑的同時，也等於肯定自己的存在。

我不能說這是一個很好的方式，但這至少讓我很快樂地度過我的求學時期，當然到後來我還因為自己的中文能力優秀，而覺得自己很棒，這也是一個我很認同自己價值的所在。

胖子只是一個中性詞彙

現在對我而言，胖子是一個中性詞彙，人的身材有很

多種，有胖有瘦，有高有矮，別人說「胖」，會不開心，是因為在當今主流審美觀底下，瘦才是好看，所以才會覺得胖不好。加上媒體一天到晚關心哪個藝人又變胖了，大眾才很自然而然地就會認定變胖不是好事。

可是我照鏡子，我就是胖啊。如果在乎別人說自己胖，那就要先正視自己的身材，是不是真的胖？如果自己都覺得自己胖，那別人也只是說出一個事實而已。接著，探討自己對好身材的定義是什麼，以及有沒有想要追求瘦的身材？如果有，那就要放棄一些東西，以我而言，就得放棄美食。

除了放棄，也要付出很多努力才能變瘦，像是運動、更健康的飲食等等。可是要我運動，不如要我去死。我讀書的時候，都可以用盡方法不去上體育課了。所以，我非常確定一件事，我不可能變瘦，那也就只能接受自己胖了，不然怎麼辦？

除了接受自己胖，我還很滿意自己胖，現在我很喜歡自己的樣子，不會因為身材不符合社會主流審美價值，

而覺得自己醜或美，我的樣子只有自己可以決定。

　　與其活在別人的言論中，不如想辦法認同自己，不然
哪天審美觀變成胖才是美，那豈不是又要增胖了？

我覺得自信的前提是

有沒有接受自己、認清自己，

就像我接受自己是個胖子，

長得也不好看，

但是，我也沒有因此而沒有自信。

我是個有自信的人嗎？

　　身旁的人都覺得我很有自信，我也常常被問，我怎麼會這麼有自信？雖然每次被問這種問題，我都會敷衍回答。但心裡面真正想的卻是，其實連我自己都還不確定自己有沒有自信。

　　論外表，我不會說自己有自信。小時候我覺得自己長得很醜，但當我意識到這些形容詞只是主觀之後，就接受了這個事實。以前我選擇不照鏡子，反正沒看到就沒事。長大後，我更不在乎外表，看我影片裡的樣子，也知道我不在乎，可是能說我是沒自信嗎？如果沒自信，我應該會一直化妝、減肥，想盡辦法讓自己符合大眾審美觀。

　　我認為每個人眼中的美，都不一樣，有人覺得我不

美，那又怎樣。

所以，在外表上，我不能說自己有自信，但我也不是沒自信，**我只是認同自己長這個樣子，而且我接受了，就算別人再怎麼說我醜，或說我可愛、漂亮，我也不會動搖，因為我知道自己最真實的外表是什麼樣子**，那些說我可愛的人，要不是審美觀與世人不同，就是在睜眼說瞎話。

我覺得自信是需要建立的，只是很難，因為它可能取決於一個人在某個領域的成就。比方說有的人長得很帥、很漂亮，符合當今世人對於好看的標準，他在外貌相對突出，所以很有自信，而且也很願意展現自己的外表；又或者有人在某個專業領域很厲害，像是很會唱歌、演戲，可以很有自信的表演給別人看；像我，可能就是對於我的碩士論文研究很有自信，因為我真的花很多時間跟精力去找很多文獻佐證，也在指導教授的琢磨下，讓論文的可信度更高。

我認為，有自信的人不會在意別人說什麼，縱使在某

個領域沒有特別突出。例如，一個唱歌很難聽的人，卻很喜歡在別人面前唱歌，有人會說他哪來的自信，確實。人的自信無來由，畢竟不會唱歌，可是他接受自己不會唱歌這個事實，才能更自在地表現給別人看。

我覺得自信的前提是有沒有接受自己、認清自己，就像我接受自己是個胖子，長得也不符合大眾審美觀，但是，我沒有因此而沒有自信。當然，有些人可能覺得我在講廢話，這整段看起來明明就沒有自信，那我尊重大家的解讀。但是，我個人對自信的觀點，是經過探討與梳理的，這是屬於我自己的自信，所以不管別人信不信，這都是我的觀點。

我的自信來自於自我認同

我很清楚自己想要什麼、不想要什麼，而對於想要的事物，要是沒有十足把握，我不會去做，因為我知道結果不會如我預期。例如，高中跟老師爭取畢業生致詞的資格，可是最後老師要從我跟另一個男生挑選出一個人，我就說自己不參加了，因為我已經知道自己不可能

被選上，而一旦沒被選上，我就會很難過，既然知道這個結局，何必要去爭？

當我知道會發生讓自己無法掌控或受傷的結局，我選擇不去做，說這是逃避嗎？或許對有些人來說，就算成功機率只有 10%，他還是會去做，**但對我而言，成功機率沒有 100%，我就不會做。如果等到失敗後，我再來懊悔，豈不是更浪費時間，老娘沒那麼多時間後悔。**

認同自己確實需要時間、經歷去建構，例如我自己就有個習慣，完成一件事情，就會大聲稱讚自己，覺得自己很棒，像是寫完碩士論文，我就覺得自己是天底下最厲害的人，怎麼有辦法把論文生出來！

當一個人認同自己，自己的價值觀、信念就不會被別人三言兩語影響。

我在當娛樂記者後期，對同事就是公事公辦，沒有再把感情投注到工作或同事身上，在別人眼裡，我可能變得很難相處、很難搞、很沒人情味，但我知道自己只是

不想要因為投注感情，而讓成就感都被工作綁住，所以，這樣子的相處模式對我來說是最好的，不管別人怎麼講，我覺得對自己好，就是好。

　　從反面來看，承認自己的缺點，也是一種自我認同，例如，我知道自己是個懶惰的人，對某些人而言可能是缺點，應該努力去改，可是都已經是懶惰的人了，怎麼可能會想要改呢？連改都懶得改了好嗎？！雖然我很清楚，懶惰並不是一個很好的習慣，可是要不要改也是我的選擇，而我選擇接受自己是一個懶惰的人，也可以很自信地跟別人說老娘就是懶惰，這本來就沒有對錯。但是**我覺得很重要的觀念是，認清自己，一切都是自己的一部分。**

變成自己越來越喜歡的樣子

　　我曾經很害怕被說：「你變了。」但越想越覺得奇怪，什麼時候「人變了」會被賦予如此負面的標籤，後來發現只要變得不符合別人的期待和想像，「人變了」就很莫名其妙被視為不好的行為。但一個人變了到底與旁人

有何關係？**如今，我無時無刻都在改變，至於變了什麼，也無法說出一個確切的答案，但至少很肯定的是，我正在變成自己越來越喜歡的樣子。**

以前我的思維邏輯不是很好，還很自以為是，經過碩士班的磨練後，我不敢說邏輯變得有多好，但至少比以前好很多。畢竟還有進步空間，所以我努力讓自己能用更好的邏輯分析事情，這也是為什麼我希望可以讀博士班，我認為這對自己的邏輯能力一定有幫助。

再來就是我情緒控管不是不夠好。如同前面提到的，工作上我會盡量不表現出自己的情緒，可是有時發生令人不愉快的事情在所難免，例如，合作的對象出狀況，表現得不好，讓我很不開心，因為我會覺得做好分內的事情是對方的責任，我已經把我的部分做好，對方做得不好就會影響我。我也曾因為這樣，在溝通的過程中，不小心表現出不開心的情緒。

後來想想，發脾氣對工作本身沒有幫助，只會傷了人際關係而已，而且就算對方出錯，可是那個人只是我的

工作夥伴，並不是我的出氣筒。另外，則是我覺得**自己應該要更無情緒地表達想法，因為當我先用情緒讓對方感受我的不爽，很容易模糊焦點，別人可能只會想先安撫我的情緒，而不是注意我的想法。**

至於大家都很關心的外表，我沒有打算改變，謝謝！不要再叫我減肥了！

現在能在這邊寫書給大家看，還有演舞台劇、拍影片，表示我的外表並沒有影響我的工作，甚至因為這樣的外表，才能有這些機會。所以，我沒有必要改變自己的外表，重點是我也很喜歡現在的自己，別人不喜歡，我也不在乎。

有些人可能會拿我以前的論點或行為來批判我現在的立場，對此，我只能說我就是變了。我不否認之前那樣想，以前的想法是曾經的我，現在的我則是進行式，無論如何，都是我在每一個階段，最喜歡自己的樣子。包括這本書的內容，說不定過幾年後，就沒有這樣想了，有人可能會不開心，但與我無關。

她要吸毒、酗酒都不關我的事，

因為我並不會去做，

但是她的音樂影響了我很多，

也帶給我很大的幫助，

是不變的事實。

惠妮‧休斯頓教會我面對這個世界

惠妮‧休斯頓教會
我面對這個世界

我沒有崇拜過什麼偶像，除了一個人：惠妮‧休斯頓。

國中的時候，當時我們非異性戀群體都很喜歡歐美女歌手，而且大家還會分陣營，有布蘭妮派的，或瑪丹娜派的，還有凱莉‧米洛、瑪麗亞‧凱莉……而我是走實力派的，最喜歡惠妮‧休斯頓。

在當時，非異性戀的人都超瘋狂這些女歌手，而且男校中的直男很少像我們這麼喜歡這些人。或許是因為她們散發出來的特質，舞台上的自信，還有性感的模樣，讓非異性戀的人想模仿吧！我們每天就在那邊幻想自己是這些女歌手，在走廊上我會跟喜歡瑪麗亞‧凱莉的朋友一起合唱〈When you believe〉，我當然是負責惠妮‧休斯頓歌詞的部分。

我算是比較少數喜歡惠妮・休斯頓的人,她不像其他唱跳女歌手,會穿得很少在台上熱舞,她當時最耳熟能詳的都是一些大歌,什麼〈I will always love you〉、〈Saving All My Love For You〉、〈I Have Nothing〉之類的,都是那種飆高音的歌曲。當我第一次聽到她的歌,心想:怎麼有人這麼會唱歌,而且那麼好聽,當下立刻被圈粉。

我到底有多喜歡和欣賞她?我的藝名「Alizabeth 娘娘」的 Alizabeth 也是取自惠妮・休斯頓的中間名「Elizabeth」,差別在於她的是 E 開頭,我的是 A 開頭。沒什麼理由,就是想像她,又不想全部一模一樣。每次被問 Alizabeth 的名字怎麼來,我解釋的時候都覺得很無聊,可是透過這個故事,至少可以讓大家感受到,她的影響對我有多大。

我生來不是為了被擊敗

國中的時候,我的性別特質已經非常明顯,我在直男的眼中就是個娘娘腔,但我並不掩飾,跟我那一群娘娘

腔好朋友每天想像自己是那些女明星。不過，那時候我
對自己的性向很迷惘，覺得自己跟別人不一樣，也覺得
自己對父母很不孝，變成一個有病的人，還深信不疑這
種性傾向可以被治癒，娘娘腔是可以被醫好的，所以才
有叫我媽帶我去看心理醫生這件事。

　　在我對自己的性別氣質產生迷惘之際，我聽了
〈Greatest Love Of All〉這首歌，她告訴我，自己的生
活方式，自己選擇，無論結果是對或錯，至少有活出自
我，要愛自己，無論別人說什麼，都不要活在別人的陰
影下，無論別人說什麼，都沒辦法影響到自己的尊嚴。

"I decided long ago

Never to walk in anyone's shadows

If I fail, if I succeed

At least I'll live as I believe

No matter what they take from me

They can't take away my dignity" — *The Greatest Love of All*

她的很多歌帶給我很大的力量，也支持著我面對同

儕的惡言惡語，可能沒辦法 —— 點名出來，甚至她生前最後一張專輯的其中一首歌〈I Didn't Know My Own Strength〉，告訴我自己是非常堅強，經過攻擊、霸凌和歧視後，仍然屹立不倒，因為我生來並不是為了被擊敗。

"I didn't know my own strength

And I crashed down, and I tumbled, but I did not crumble

I got through all the pain

I didn't know my own strength

Survived my darkest hour, my faith kept me alive

I picked myself back up, hold my head up high

I was not built to break

I didn't know my own strength" —— I Didn't Know My Own Strength

人是灰色的

到後期，大家發現她的聲帶出了狀況，同時也被爆料了很多負面新聞，有人問我儘管如此，我還是喜歡她嗎？曾經，她對我來講，就像是一個遙不可及的偶像，

無論是在電視上出現，還是在報紙雜誌裡，都是一個很遙遠的人，而且讓我覺得很不真實。

可是當她傳出吸毒、酗酒這類的負面新聞，我才瞭解到，**原來人不是白色的，人是灰色的，人類不應該是非黑即白的生物，每個人都有不為人知的一面，再怎麼完美的人，都還是會有瑕疵**，就像惠妮‧休斯頓一樣。所以，問我是不是依然喜歡她，我當然喜歡她，她至今依舊是我唯一的偶像，因為這就是她，要吸毒、酗酒都不干我的事，因為我並不會去做，但是，她的音樂影響了我很多，也帶給我很大的幫助，是不變的事實。而且她有權利選擇自己的生活方式，也沒有必要活出符合我們這些粉絲的期待吧。

除了音樂帶給我很大的影響，她的表演方式也讓我知道，做好自己該做的事情，把自己的專業發揮到極緻，有多麼重要而且理所當然。

許多女歌手都很會唱歌，可是她們現場表演往往千篇一律，同一首歌每次的唱法都一樣，好像照著某套公式

在進行，有的人甚至還會對嘴。可是惠妮 · 休斯頓不同，同一首歌，就有好幾種唱法，每次現場演唱的都不一樣，她還會即興加入一些轉音或飆高音，這讓我覺得很真實，每一場演出都把當下的情緒，完美地表達出來，她的表演方式對我現在的影片創作有很大的影響——盡量展現出自己最真實的樣子。

知道她過世，我很難過，也很震驚，明明前一天還看她出席一個派對，人還好好的，結果隔天就走了。她的精神影響了數百萬的人，包括我。我相信她的音樂還是會繼續給像我一樣曾經迷惘的人一點方向，謝謝惠妮 · 休斯頓，讓我找到自己。

我們被視為很會搞笑的一群人，

在群體中，我總是扮演搞笑的人，

負責帶動氣氛、做笑果，

在工作上，還會被叫去主持活動、

當大家的開心果。

你覺得娘娘腔都很幽默？那是逼不得已的！

你覺得娘娘腔
都很幽默？
那是逼不得已的！

　　我常常被稱讚很幽默，甚至被問怎麼會這麼幽默？有些人可能覺得這是天生的，但我個人相信這不是天賦，而是後天努力學習來的。

　　以我的生命經驗，在泰國身為一個非異性戀的生理男性，且自我性別認同為女性，如果沒有擁有一張符合社會大眾審美的臉孔，就需要具備非常優秀的能力或特質。非異性戀要比異性戀努力這句話絕對不是假象，非異性戀者似乎沒有權利選擇做普通人，而我從小遭受的言語攻擊數都數不完，但我不是唯一一個被言語霸凌的人，我身邊的「姊妹們」也都曾被說娘娘腔、不男不女、人妖之類的，我之所以可以存活到現在，靠的就是「幽默感」。

對異性戀來說，有幽默感是加分，對我們這種人來說，有幽默感是基本分。

非異性戀的人在群體中本來就是少數，人類都害怕跟自己不一樣的人，尤其處在異性戀霸權脈絡下成長的小孩，更是會覺得我們這種人是異類，所以，我可以理解為什麼他們會攻擊我們。因為面對不理解的領域，人類通常會抱持著敵對的態度。

如果我們成績不好，也沒有特殊才藝，又沒有長得多好看，攻擊只會變本加厲。所以，泰國的非異性戀族群，通常都學會一笑置之，用幽默感化解這些攻擊性言語，他們罵我們，我們就罵回去，最後大家笑一笑也就沒事了。甚至我們也會自稱人妖，就知道我們有多麼會自嘲。因為我們知道，性別霸凌的言論從來不會減少，與其被困在攻擊的傷痛，倒不如跳脫這些框架，讓自己活得快樂一些。

久而久之，我們被逼著訓練成很會搞笑的一群人，在群體中總是被分配扮演搞笑的人，負責帶動氣氛、做笑

果，在工作上，還會被叫去主持活動、當大家的開心
果。我也曾經因為這樣，認為能夠讓大家開心才是自己
存在的價值，後來就如同現在我常常提到的，已經懶得
管別人怎麼想了。

但我不覺得自己的幽默感被逼出來有什麼不好，**如果
沒有幽默感，我就沒辦法拿到娛樂記者的工作，也沒辦
法交到很多好朋友，更不可能拍那些影片逗大家笑。相
反地，我覺得幽默感幫了自己很多。**

可是說實在地，我不覺得自己多好笑，看我影片的人
都說我講話很好笑，但很多時候都不是在講笑話，但大
家卻笑得很開心，到底是……？**通常我會覺得別人好
笑，是因為別人的反應，但是我很少覺得自己是個好笑
的人，不過至少比台灣人幽默就是了。**

可能因為平常就喜歡搞笑、講一些不正經的話，有時
候反而會有一點困擾，當我嚴肅拒絕別人的時候，別人
會以為我在搞笑，然後大家就會一起笑，雖然可能也沒
有再提出要求，但我常會覺得很奇怪。後來想說算了，

至少大家沒再問下去。有時候講話沒禮貌或尖酸刻薄，也被誤以為是講笑話，所以，其實也沒什麼不好。大家就可以知道被視為幽默的人有多爽、多吃香，隨便罵人也沒有人會生氣，有時實在令人無法理解！

對我來說，從來就沒有櫃子

在泰國，我們會自稱人妖、娘娘腔，連自己都會這樣稱呼自己了，我們會在乎別人這樣叫我們嗎？至少我是不在乎啦。

可是這種心態是自然而然產生的嗎？如果有看泰國連續劇或電影，很多都會有一個專門搞笑的娘娘腔，這樣的形象給大家一種喜感，影視劇的產製端並沒在擔心這樣會造成刻板印象或不好的效果，反而這種角色很受大家喜歡，因為好笑，泰國觀眾很需要幽默的素材。

因為無論在學校、工作、電視劇上，都能看到這樣的角色，像我們這種人，根本不需要出櫃，別人就會認定是 gay 或跨性別，都還來不及出櫃，就已經被貼上性別

標籤。由此可見，我所指的泰國不用出櫃，絕對不是因為性別友善環境所致。

有人說泰國是同志天堂，那都是假象，不要再被觀光宣傳騙了！我們上課都會教性教育，會教男生、女生的身體構造有什麼不同，還有如何避孕，可是對於多元性別卻很少提到。

在泰國，不會告訴大家什麼叫作自我性別認同，如果有教，我也不需要叫我媽帶我去看心理醫生了，因為我會知道自我認同的建構是差異，找出自己最簡單的方法，就是我有什麼東西跟別人不一樣，透過差異去發覺自己的認同，而差異最基本的是生理性別，所以，我的性別與別人不同，並不是問題。

如今，我可以如此面對自己的性別，不畏懼向他人坦誠，也許透過那些過程是必須的。但有時候我也想著，要是不用經歷這些事情，就能在性別認同層面上活出自我，那該有多好……

　　好了，講泰國性別議題就到此為止吧。

　　我只是想表達，身為跨性別，遭受的歧視與攻擊性言論不會少，我們的幽默感跟搞笑性格也不是天生的，是環境逼得我們要這樣，請不要再把別人的娛樂，視為理所當然。我再強調一次，沒有人天生有義務要取悅別人！

我知道自己的外表不像女生，

更不可能因為穿了女裝就變得跟女生一樣，

純粹只是自己覺得這樣比較像女生，

而且穿女裝很開心。

我扛了一皮箱的女裝去中國

　　我從小就喜歡穿女生的衣服，會拿毛巾圍在腰上想像是裙子，或者綁在頭髮上，讓自己瞬間變成長頭髮女生，覺得能穿裙子很開心。如果穿裙子，我就會轉圈圈讓裙子飄起來，光是這樣，就能讓我心情變得很好。

　　第一次穿女裝是國中童軍課，要表演話劇，因為讀的是男校沒有女生，像我們這種娘娘腔的男生，就會被派去當女主角。其實沒什麼人要求，是自己迫不及待想要演，為了演女生。我們會去買假髮、女裝，就會看到一群班上的「人妖」一起逛街，挑女生衣服，然後開心地試穿，在店裡面大叫大笑。

　　上了大學，沒了髮禁，我從大一就開始留長頭髮，留到大三時，頭髮已經長到腰部。剛好那時候申請到浙江

大學交換學生，我就想趁這個機會，終於可以好好穿女裝過我的日常生活，所以，就買了一整個行李箱的女裝，一件男裝都沒帶，就去了中國杭州。

旁人怎麼想，關我什麼事

在中國，我每天都穿女裝，一開始還很勤勞，會思考怎麼搭配上半身、下半身，加上頭髮很長，看起來真的還滿符合我對女生想像中的樣子。後來，我特別喜歡一件式衣服，像是那種連身裙、長洋裝，沒為什麼，就只是方便。如同前面提過，我就是懶惰，比起把自己弄得很美，花時間想上下身的搭配，我情願把時間花在別的地方。

穿上女裝，走在街上，我很容易變成注目焦點，路人很常對我指指點點，而且我去男廁、女廁都不太對，穿女裝去男廁，大家應該會想說怎麼會有女生來上男廁；如果我去上女廁，一旦講話，其他女生可能會嚇到：女廁怎麼會有男生。

　　也有人看不出來我是男生還是女生。有一次在杭州西湖風景區的黃龍洞，不知道是不是因為我講話的聲音露餡，有位小孩走到我面前，很認真地凝視著我，隨後便問媽媽我是男生還是女生，媽媽也走過來，邊看著我邊認真思考後，回他：「我也不知道欸。」講很大聲，我聽得一清二楚。

　　我不覺得有受傷或不被尊重的感覺，那小孩只是很合理地提出一個疑問，而因為他活在那個教育之下，媽媽也無法跟他解釋世界上不是只有男生、女生，只能回答不知道。今天就算他不是問我是男生還是女生，只是對我投以異樣眼光，我也不會覺得奇怪，因為我又胖、又不好看，胖子本來就很容易被多看幾眼。

　　但我並不在乎他們怎麼想，穿女裝是為了自己，讓自己開心，我並沒有要追求漂亮，或者要很像女生，就是純粹想穿女裝，這對我來講就是最重要的事，旁人怎麼想，關我什麼事。

對自己的認同，不需要透過服裝

　　小時候會想穿女生的衣服，是因為這樣會讓自己的心情很好。不過穿女生衣服不會讓我更有自信，因為我本來就不在乎外表，我知道自己的外表不像女生，更不可能因為穿了女裝就變得跟女生一樣，純粹只是自己覺得這樣比較開心。

　　為了更像女生，小時候我也做過滿多好笑的事。像是在學校上廁所只會去上隔間廁所，因為在我的認知中，女生就是要上隔間廁所，而且如果我去上小便斗，一定會被其他男同學惡整，像是趁我尿尿到一半時把我拉出來，或在旁邊一直對我開玩笑、偷看我上廁所。

　　我也曾經把雞雞往下壓，再用衛生棉貼住，因為這樣下面就不會鼓鼓的，穿上女裝會更像女生一點，可是真的很不舒服，因為還要用膠帶固定住，悶一整天下來，拆掉衛生棉時，那畫面真是筆墨難以形容。雖然下體看起來很像女生，但真的太累了，我這麼懶惰的人，當然就沒有再使用這個方法了。

曾經，我很想變成女生

在國中時期的認知中，要變性，第一件事就是要開始吃雌激素（女性荷爾蒙），但這沒有那麼好拿到，要去看醫生，醫生評估後才會開藥。所以，很多人會選擇吃避孕藥，因為裡面也有雌激素，而且避孕藥藥局就有賣，所以我從高中就開始吃，這是不良示範，建議去問專家才是最好的選擇。但吃了兩個星期我就受不了，因為避孕藥讓我頭腦昏昏沉沉，注意力無法集中，根本無法認真上課，所以，兩個星期後我就停藥了，而這些事情連我爸媽都不知道。

那時候的我，心理自我認同已經是一個女生，所以覺得自己應該要把男生的性器官拿掉，這樣才叫作女生，但後來因為三件事讓我不再想要變性。

第一件事是到浙江大學讀書，前面有講到我去讀書只帶女裝過去，後來覺得穿女裝實在是太麻煩了，女生還要化妝什麼的，我覺得好累！所以，我後來就比較少穿女裝，而這也讓變性的慾望降低了一點。

第二件事是讀完碩士班，我發現身為一個跨性別者，達到自我認同的方式有很多種，以前的我會想要變性、擁有女性性器官、穿女裝。後來發覺，我並沒有必要透過這些方式來證明自己是女生，我內心已經覺得自己是女生了。我認為，性別認同為男性穿上女裝也不會變成女生，性別認同為女性，穿男裝也不會因此而成為男生，以此類推，自己認同自己是誰，反而更為重要。

第三件事，也是徹底讓我斷了變性慾望的事情，就是我查了資料發現變性後會喪失性高潮，雖然後來證實當時查的資料是錯的，男生變性成女生還是可以擁有性高潮。那時我心想自己不能接受沒有高潮，都還沒破處，怎麼可以沒有高潮！從此之後，變性這個想法就沒再出現過。

我知道很多人應該都會有性別認同的問題，而**我自己也經歷過一連串的過程，才能認同自己的心理性別、生理性別，但我的經歷只適用於我，每個人都有自己要經歷的自我認同過程，別學我，也不要被我影響。**

　　所以，變性已經不再是我人生的課題，穿不穿女裝更是沒什麼重要的，對我來講，只是想不想的問題，我開心就穿，不想穿就不穿，我已經找到自己是女生的方式。

　　有些人可能不認同我的想法，堅持要透過變性或穿女裝才達到性別認同，那恭喜，或許這就是自己活得最舒服的方式。

這絕對是我人生中最快樂的事情，

我從來沒有這麼開心過，

也從來沒有替自己這麼驕傲過，

我完成了一件可以說是不可能任務的事情……

你有沒有做過連自己都覺得很厲害的事？

當娛樂記者的工作經驗，我學到了最重要的一件事，「人不應該把成就感建立在工作上」。

當時我做了很多事情，像是去找很多娛樂新聞、記者會、活動什麼的，還跟同事一起開了娛樂節目，甚至還擔任節目主持人。一開始，我覺得這些事情帶給我很大的成就感，是因為工作需要做這些事情、因為在公司所以辦到了這些事情，但離職後，我發現要是自己以工作作為成就感的來源，那離職後這些成就感，不也就隨之而去了？

所以**我意識到，這些事情其實都是靠著自己的努力完成，而且效果很好，這是自己努力的成果**，而我把成就感，回歸到自己身上。

完成了連自己都覺得不可能完成的事

　　來台灣讀研究所，是我意料之中的事情，但花了 3
年多才畢業，是完全始料未及的。甚至一度想就這樣
吧，放手讓它去吧。

　　我從小就習慣確立目標跟方向，然後一心朝那個方向
前進。例如，泰國高中也會分組，而我很討厭數學跟科
學，所以我想也不想就選了文組。因為我很喜歡中文，
上大學也直接填了中文系，而且從高中就決定以後要當
中文老師，大學快畢業就開始規劃來台灣讀中文研究
所，但這也是人生第一次計畫失策，我落榜了。本以為
十拿九穩的臺師大國文所一定會上，還抱持著做 3 個月
就走人的心態找工作。

　　接著就是我前面提到的，進了電視台當娛樂記者、主
持娛樂新聞，幸好工作 3 年後，我成功申請到臺師大大
眾傳播研究所，讀研究所這件事又重回我的人生軌道，
而且因為在媒體圈工作，而決定改讀大眾傳播。

我以為自己人生中每一件事都可以按照規劃進行，結果碩士班狠狠打了我一巴掌。

我真的不知道碩士論文可以這麼難寫！原本以為碩士班讀兩年就差不多了，結果到了第三年論文還在改，真是深受打擊，心想自己是不是畢不了業。

坦白說，我一度想過要放棄，因為碩士論文完全不在預期進度內，每次跟指導教授討論，原本以為已經想得很周全，邏輯也沒有問題，但總是能被他挑戰、改錯，大家能想像那有多挫折嗎？！當初，我真的是一度想把論文丟到地上走人。

我才瞭解到，原來不是每一件事都可以照著自己的計畫進行。

從來沒有為自己這麼驕傲過

看到學長姐，甚至學弟妹的論文進度都很順利時，自己的焦慮感又更深了。「明明他也沒有寫得多好，為什

麼教授讓他過」，這種負面的想法隨時都有。另一方面，看到爸媽越來越老，我的學費又是爸爸贊助，其實，很擔心畢不了業，心裡深處希望完成這件事，讓他們知道我做得到、不是來台灣玩的。

最後我花了 3 年半多的時間，才順利從臺師大大眾傳播研究所畢業，這絕對是我人生中最快樂的事情，我也從來沒有這麼開心過，也從來沒有替自己這麼驕傲過，可以說是完成了一件不可能的任務。

讀研究所期間徹底顛覆我的自我感覺良好，我原本以為自己是個邏輯清晰的人，但一邊寫論文、一邊跟指導教授討論，才發現原來過去的思維這麼曖昧，一直以為自己是個力求精髓的人，等到認真深入研究一件事，才知道我的力求精髓根本只是看到事情的皮毛，沒有瞭解到事情的根本。

完成碩士學位，我覺得自己真的很厲害，竟然可以堅持完成論文，每次只要想起這件事，都可以感受到那股強烈的成就感，而且也可以很有自信地跟別人說這是我

寫的論文。**這過程少不了很多人的幫助，我當然很感謝他們，可是我最終還是非常感謝自己，可以這樣稱讚自己，不需要等別人來稱讚，雖然有點臭美，但是老娘就是真的很厲害。**

　　我的論文是《腐化無罪、BL 萬歲！泰國 BL 劇與跨國華人觀眾之研究》，想看就去看，不想看也無所謂，反正老娘已經畢業了！

我不會被別人貼文影響，

常看到有人會說羨慕誰誰誰去哪裡玩、

買什麼東西、吃什麼好料，

但這些對我來講都是別人的生活，

關我什麼事。

我的 IG 追蹤了 600 個陌生帥哥

認識我的人都知道，我的手機網路沒有吃到飽，我也只有在需要的時候，才會把手機網路打開（像是要聯絡別人或工作），要找我，打電話給我最快。

但我還是有在用網路啦！每天早上起床第一件事就是打開手機網路，看經紀人有沒有傳訊息交代什麼事，如果沒有，我就會立刻把網路關掉。然後，開始做其他事，像是吃飯、追劇；如果他有交代什麼事情，我就會先把事情做完，或問他昨天影片成效如何。

沒事的話，我一天可以花 8、9 個小時追劇，但我不是喜歡劇情，只是因為男主角。我就是可以為了很帥的男主角，看一齣劇情很爛的戲。

　　另一個會開網路的時候，就是看別人的 YouTube、網紅的頻道，我會去看別人怎麼剪接、怎麼拍攝，或會用什麼哏，甚至是別人影片底下網友都留些什麼話。對我來說，這是滿重要的一件事，因為我的工作是做社群，我必須知道現在大家都怎麼做，然後找出自己要做的東西。所以，我花滿多時間看 YouTube 影片，雖然不見得都會看完啦！因為有些真的很無聊。

我被社群影響嗎？

　　沒事我也會打開網路滑一下 IG、FB，我的 IG 追蹤了700 多個人，裡面大概只有 100 人是我認識的朋友，剩下 600 多人都是帥哥，像是韓劇、泰劇的男明星，或者是 A 片、G 片的男優，因為我覺得看他們的私生活很有趣！

　　對我來說，他們下戲後的生活才是重點，像是 GV 男優平常在幹嘛，可以看到他們日常的那一面，而不是演出來的樣子，我覺得這可以給我更多遐想空間。只是，說是觀察他們的生活，但我通常會按讚的，都是沒穿衣

服的。

滑 IG 不就是要開心，那我不看帥哥要看什麼？

我並沒有花太多時間滑社群，對我來講，滑社群平台就是看一些會讓自己開心、舒服的事情，我當然也會看朋友的動態，但不會特別去看，如果想跟朋友連絡，我會直接打開 LINE，打電話給他。

我用 IG 退追蹤過一些人，像是以前的同學。退追蹤不是因為我們吵架或感情變不好，純粹是我覺得社群是一個讓自己快樂、開心的地方，但**有些人很喜歡在 IG 上寫最近心情很差、很低潮，或發一些很文青的文字，我就沒有想知道這些啊！他們的生活對我來說，還不如 A 片男優的生活吸引人。**

我也不會被別人貼文影響，常看到有人會說羨慕誰誰誰去哪裡玩、買什麼東西、吃什麼好料，但這些對我來講都是別人的生活，關我什麼事。我唯一會羨慕的就是看到別的 YouTuber 找了我喜歡的帥哥合作，雖然心裡

很想立刻跟經紀人說：「下次幫我約這個人！」但老娘就是嘴巴很厲害，其實是孬種，怎麼可能敢去邀約，要是對方真的來，我可能會落屎。

社群不會使人冷漠

我有看過這麼一句話：「科技使人冷漠。」似乎是在說因為科技發達，人跟人之間反而聚少離多，大家都躲在螢幕後面，避而不見。

可是我覺得這很奇怪，以前的人搭火車沒有手機、沒有網路，會看報紙、看書，也沒有被說紙本冷漠。現在大家滑手機就被說科技冷漠，**會變冷漠是人們自己不願意多跟朋友聯繫，為什麼要怪到科技頭上？而且說不定人的本性就是冷漠呢？**

換個角度想，如果沒有科技帶來社群平台、LINE，我來台灣讀書就沒辦法常常跟我爸講電話、視訊。從這角度看，科技反而把人的距離拉得更近，如果善用科技，會發現跟朋友感情越來越好，跟家人也越來越多話題可

以聊，像是很多長輩會傳搞笑影片什麼的，而這其實也是他們利用科技想辦法找話題的管道，只是有沒有想要回應他們而已。

　　常聽到有人說，不要沉迷於社群平台，但**我認為滑IG、臉書沒有對錯，每個人都有自己的興趣跟休閒，如果滑IG會讓心情變好或壓力變少，那有什麼不好？**不過，不要一邊滑卻又一邊說滑IG不好，如果覺得不好就不要滑不是嗎？一邊用社群平台又一邊說社群平台不好，我真的是不懂。

　　如何運用科技是人的決定，手機也不是萬惡之源，一直用手機不見得是壞事，不用手機也不見是好事，與其思考什麼是好、什麼是壞，不如想想怎麼運用科技讓生活變得更好，或如何運用科技讓自己過得更開心。

　　像我一樣追蹤很多帥哥，就是一個方法。

我本來就是不太會在意

把自己的私生活拿出來討論的人，

而且我私生活很無聊啊！

別人問我有沒有男朋友，

「沒有」，感情生活的話題，直接句點。

泰國娛樂記者不是 gay，就是人妖

有不少人問我，在職場上會不會被問性向。我只能說，在泰國，問性向可以說是一個開話題的方式了。雖然，在工作上問別人性向很沒禮貌，但泰國人不管，就是要問。

不過，因為我待的產業比較特別，是娛樂記者工作，在泰國，能做娛樂記者的人要嘛是 gay，要嘛就是跨性別，我很少看到直男，總之就是偏陰柔特質的人士居多。為什麼？可能因為同志或跨性別的人，從小就知道一件事：如果沒有特別突出的才能，就要夠好笑，才能不被排擠。所以，我們通常可以對藝人問出一些很犀利、很好笑的問題

也因此，我們在這行可以很做自己，沒有人會對我們

的性別特質說什麼，因為大家都知道當娛樂記者的人，大概就像這樣吧！而且在泰國，大家對於性別氣質不符合生理性別的人真的看太多了，如果跟我一樣是男生，但行為舉止很像女生，就一定會被叫人妖，這已經算是泰國人的下意識動作。

老闆問，我都講，祖宗十八代都告訴他！

可是我也有被問過，如果換成在一般的職場，如果被問到性向、性別特質的問題，要怎麼辦？

雖然我沒有在一般公司待過，來台灣到現在也算進了娛樂產業，但我認為如果今天換成是我遇到這個問題，首先，我會看自己喜不喜歡這個人，如果我喜歡他，就算不熟，我也會跟他講自己的私事。第二，我會看這個人對我有沒有幫助，如果工作上會一直碰到，我也會講，但如果工作完全沒交集，我又不喜歡他，那就，去死。

如果是老闆問，我都講，祖宗十八代都告訴他！

不過說實在的，我的隱私好像也沒剩多少。我本來就是不太會在意把自己的私生活拿出來討論的人，而且我的私生活很無聊啊！假如我今天是一個上班族，每天生活一定就是上班、下班、追劇，別人問我有沒有男朋友，「沒有」，感情生活的話題，直接句點。

在台灣真的會有這樣的狀況嗎？我真的不清楚，但在泰國肯定是會有的，因為泰國的性別平等教育沒有做得那麼好，大家也沒有很足夠的「尊重他人隱私」的觀念。但在台灣職場如果被問這個，應該可以告他吧，感覺台灣人似乎比較不能忍受這種事情發生。

每個人成長脈絡不一樣

回到問題，要不要討論自己的性向是自己的決定，可以否認到底，也可以直接坦誠，這決定權在自己手上，對於哪個決定比較舒服，就那麼做。

但我覺得可以反過來想，會問這種問題的人，表示他的成長背景遵循著一般父權體制、異性戀霸權的脈絡，

特別是那種說：「你說啊！我很 open 的。」**在我聽起來，問這種問題的人只是為了證明自己「思想很開放」，他還是沒有脫離傳統異性戀的思維**，所以講真的，對這樣的人隨便敷衍過去就好，不要浪費時間對不值得的人解釋那麼多，我通常會回答：「我肚子太大，看不到自己的性器官，你要不要幫我看一下。」

　　從我讀書的時候，就很多男生會指著我說我是 gay、死人妖。在異性戀男子眼中，我就是一個娘娘腔，一個不像男生的男生，但是，他們沒有探究的是我的性別認同到底是什麼？依舊以二分法在看世界。

　　所以今天如果在學校也好、職場也罷，被詢問性向問題，可以這樣想，又是一個無法跳脫異性戀思維脈絡的人，至於要不要討論，看自己吧！

Part 4

泰與台

如果要加番茄、九層塔，都無所謂，

但應該要叫九層塔炒豬或番茄炒豬比較合理吧！

所以如果有認真看影片的話，

我自始自終想探討的問題就只是：

這個名稱所對應的食物是沒有關聯的。

打拋豬讓我有機會待在台灣

打拋豬讓我
有機會待在台灣

　　我之所以能夠在台灣工作，就是因為開始拍影片，而我也似乎沒辦法不討論在別人眼中，我的代表作〈打拋豬加番茄就是死罪〉這支影片，甚至還讓一些人叫我打拋豬娘娘呢。

　　〈打拋豬加番茄就是死罪〉這支影片莫名其妙引起了討論，也有不少酸民罵我：「你憑什麼批評台灣的打拋豬」「台灣人把打拋豬改良的更好吃了」「用九層塔取代打拋葉更好吃，你不懂」「加了番茄味道更有層次感」。

　　這些留言我都不在乎，我只想說一件事，如果要學泰國的打拋豬，就請用打拋葉。我的立場很簡單，如果要加番茄、九層塔，都無所謂，但應該要叫九層塔炒豬肉

或番茄炒豬肉比較合理吧！所以，如果大家有認真看影片，我自始至終想探討的問題就只是：這個名稱與所對應的食物是沒有關聯的。

在泰國，很多食物都會加辣椒，當然也是有不敢吃辣的泰國人，但我也曾看過有店家表示，如果顧客要求不放辣椒，那就不賣那道菜了，因為店家覺得沒有辣味，就失去了那道菜的精神。

所以，有人問我為什麼覺得台灣的打拋豬不好吃？因為泰國打拋豬就不是這樣做的啊！而且我又不是美食專家，老娘只是一個愛吃的胖子。

我發誓拍這支影片只是想要持續有影片露出，其實我本來是想說大家看了打拋豬影片，應該會在下面留言說「死胖子」、「娘娘腔」之類的攻擊，結果台灣人真的太認真了，我也完全沒有預料到大家會這麼認真地討論打拋豬。

台灣新聞竟然還大肆報導

更讓我驚訝的是，這支打拋豬影片竟然引起新聞記者的興趣，一堆記者跑來問我打拋豬的問題，甚至還有網友做了一支，集結所有台式打拋豬料理的影片，我說這也太認真了吧！這如果不是太閒，應該做不到。

接著我又想，台灣新聞是沒東西可以報了嗎？這件事竟然可以紅到每一家電視台都在報，但我也很佩服那些記者，找了很多資料，採訪到會做正宗泰式打拋豬的廚師，教大家怎麼煮打拋豬。只是也有支持台式打拋豬的廚師出來說，這樣口味比較能被接受。

我想說：那就不要偷打拋豬的名字！

這件事情會被討論，台灣媒體有很大的功勞，從這個立場我要謝謝各大新聞台。不過我倒是也有拍一支影片，講的是台灣媒體亂象，才剛謝謝完就說人家壞話，但這就是我的觀點。

　　這支影片主要是我看到有新聞在探討某些人的衣著改變或性別氣質改變……我覺得很奇怪，這些人要穿什麼或表現得怎樣，那是他忠於自我所呈現出來的行為，什麼時候這可以變成是新聞了？

我與打拋豬的故事

　　坦白講，我最喜歡吃的泰式料理，不是打拋豬。

　　因為我在打拋豬影片中的言辭，導致很多人以為我喜歡吃打拋豬。但在泰國，打拋豬是被泰國人列為不用動頭腦烹調的一道料理：今天想不出來要吃什麼，就吃打拋豬吧！可是我真的很少會點打拋豬，沒有為什麼，就只是有其他我更喜歡的料理而已。

　　我並不是不喜歡吃打拋豬，只是我不會主動去點，但是如果桌上有打拋豬，我還是會吃。

　　在我媽還會為大家做飯的時期，有一次她做了打拋豬，我覺得很好吃，跟她說了之後，連續一個月的晚餐都在吃。真的不誇張，在我跟媽媽抱怨後，她回我：「你

自己不是説喜歡吃！」後來媽媽很貼心，沒有再做打拋豬了，改做打拋雞、打拋魷魚、打拋豬肝等所有打拋系列料理給我吃。

　　我在台灣也常會去吃很道地的泰國菜，不要問我店名，除非是業配。因為我很懷念泰國的食物，而且那才是我喜歡的食物。我可以去到很遠的地方，只是為了能吃到想吃的泰式料理。就跟大家會喜歡吃臭豆腐一樣。有些人去國外生活，也會很想吃台灣的料理，就是一樣的道理。

　　而我會懷念的泰式料理，往往是東北式的涼拌青木瓜或辣拌豬肉末等，反而很少會刻意去泰式料理餐廳吃打拋豬。

　　打拋豬事件過後，大家搞得彷彿我是打拋豬專家一樣，雖然我知道泰式打拋豬要怎麼做，正宗的味道應該是怎麼樣，但不要誤以為我跟打拋豬有多深的淵源，以上就是所有我能擠出來跟打拋豬相關的故事，關於這個議題，我就解釋到這邊了。

很多人希望家庭中年長的長輩活很久，

因為可以當自己的情感寄託，

可問題是這些長輩沒有義務要活很久，

只是為了當誰的寄託啊！

我最喜歡台灣的健保

很多人問我喜歡台灣什麼？為什麼會想定居在台灣？我內心其實很想要像其他外國人回答說：「台灣人很和善啊！」之類的官腔話，但實在是做不到。所以一般來說我都會回答：「因為台灣很多帥哥阿！」可是其實我最喜歡的是台灣的「健保」。講這個會不會太現實一點？

我不知道台灣人有沒有覺得健保很好，但對一個在台灣工作的泰國人來說，台灣健保真的超好的。感冒看醫生只要 100 多元，住院也有健保給付，換成在泰國，生病要花非常多錢，更不用說開刀、住院，這些在泰國都超級貴，而且泰國的健保沒有台灣這麼好。

舉例來說，在泰國洗牙一次要 1,600 泰銖，享有健

保的台灣人可以想像這件事嗎？！你們半年可以免費洗一次牙，一年就可以省下 3,200 元，而且就算蛀牙去看牙醫，看一次也只要 100 元！

　　所以在泰國，我們普遍有一種觀念，努力賺錢是為了養老，因為泰國健保沒有那麼好，沒錢就只能去公立醫院看，但是，公立醫院的環境和條件沒有很好，而且很多人，要排很久。相較之下，在台灣看醫生真的很便宜，就算是小診所或是公立醫院，醫療品質也很好。

　　我們在泰國要賺很多錢，老了才有錢可以看醫生，因為人老了一定需要看醫生，就算沒有得癌症或什麼大病，身體也會變差，不可能都不需要去醫院。所以，在泰國我們覺得老了要花很多錢看醫生，年輕時就要準備好這些錢。

　　但我覺得台灣不用啊！健保會幫忙付大部分的醫療費用，如果想要用好一點的醫療材料再多付錢就好，這讓我覺得，在台灣生活不用為了老了之後的醫療費煩惱。講到這邊，有些台灣人會說：「可是台灣健保可能會破

產。」我的觀念是：「那不要活那麼老好了。」

活那麼老幹嘛？

如果去泰國類似曼谷這種大城市，在路上不太會看到老人家，跟台北差很多，台北的捷運、公車上都是老人家，老人家也很愛往外跑，但是曼谷沒有，因為我們還沒準備好迎接高齡化社會。

我看到台灣新聞常說：台灣已經邁入高齡化社會，所以很多建設都有考慮到老人家的需求，像是公車靠站時會傾斜，讓老人家更好上車，捷運、公車、火車也都有博愛座，大家都會禮讓老人家。但我覺得泰國還沒準備好，如果要一個老人家搭公車去城市，根本是要他的命。

從健保到高齡化社會，我覺得台灣已經對老年人很友善，這都讓我覺得自己如果老了待在台灣會很安心，也不用煩惱要出門怎麼辦。

可是人活那麼老幹嘛？

我也不是不怕死，可是比起死，我更怕老。因為我沒看過有人老了還很快樂，反而看到的都是躺在床上、坐在輪椅上，或是拿著拐杖慢慢走，有些不能自主的，吃喝拉撒都要別人幫忙，我不覺得這樣會開心啊！

華人常會祝福人家長命百歲，對我來講，這根本不是祝福，是詛咒。

很多人希望家庭中年長的長輩活很久，因為可以當自己的情感寄託，可是問題是這些長輩沒有義務要活很久，只是為了當誰的寄託啊！如果長輩願意那就另當別論，可是要老人家為了別人而痛苦地活著，這會不會太自私呢？

萬一我的身體允許自己活到老，卻生病著的話，如果能選擇，我會想要安樂死。

我很支持安樂死，因為我覺得出生無法自己決定，至少死亡可以吧？而且我自己想死，到底關其他人什麼事？安樂死可以讓大家知道是我自己選擇面對死亡，這

是我自己選擇，我心甘情願。

我對自己的生命負責任，選擇不當別人的負擔。

我不想要一個人孤單的等待死掉的那天，如果又加上病痛，躺在床上哪都不能去，這樣活著對我來說，一點意義都沒有。

對我而言，人總有一天會死，

也就是說，人活著的每一天都在朝死亡前進，

死亡的確可怕，

但更可怕的是因為怕死而什麼都不敢做、

什麼都沒有享受到吧！

為什麼要怕死？

為什麼要怕死？

　　我發現，台灣人很注重養生，實際上有沒有成效我是不知道啦，而且很怕死。

　　在泰國，沒有任何一間店會賣「燙青菜」，我在台灣看到這道菜，真的是覺得很奇怪。這怎麼能叫一道菜？就只是把青菜燙一燙淋上醬油膏而已，沒有任何料理技巧，或需要特別學習才會做，自己在家就可以做了吧？但每次去麵店都一定會看到有人點燙青菜。而且台灣人平時不是最在乎Ｃ／Ｐ值嗎？為什麼這麼敷衍的菜竟然可以容忍呢？

　　我問了一下身邊的人，為什麼台灣人這麼愛吃燙青菜，大部分都說因為大多數人很難得可以攝取青菜，所以，就會想點個燙青菜吃。我接著問，那又為什麼一定

要吃青菜？他說因為青菜可以幫助消化，而且吃青菜很健康啊，又沒什麼熱量。但是，我認為都出來吃飯了，還要想熱量，不是很累嗎？

我可以理解注重健康這件事，可是青菜有很多種料理方式吧？而不是只有燙一燙淋上醬油膏，而且醬油膏有健康嗎？他們回我：「所以很多人連醬都不會淋。」我直接翻一個白眼，那回家自己買菜燙一燙不就好了！

人總會有死的一天

另外，我也發現身旁很多台灣人都會「善意提醒」不要太常吃油炸食物，因為對身體不健康，會得癌症，又或者說不要吃太甜，會發胖，容易引發心血管疾病。我心想，台灣人到底有多注重養生？到底多怕死？

對我而言，人總有一天會死，也就是說，人活著的每一天都在朝死亡前進，死亡的確可怕，但最可怕的是：因為怕死而什麼都不敢做、什麼都沒有享受到吧！

　　看我的身材就知道，我完全沒有在注重健康這件事，食物對我來說，就是好吃與不好吃的差別，我完全可以接受很好吃的健康食物。台灣人說注重健康，可是手搖店這麼多是什麼意思？我知道台灣人去買手搖飲料都會點少糖甚至是無糖，可是這樣喝飲料的樂趣在哪裡？為了健康應該就不要喝了吧！

　　而且我發現有一個很矛盾的地方，台灣人點飲料很喜歡要求「少冰」或「去冰」，因為很多人覺得冰塊太多就會導致飲料變少，這樣不划算。可是，如果冰塊變少，飲料變多，這樣不是不健康嗎？本來可以因為冰塊多而少喝一點飲料，但點少冰又是為了多喝一點飲料，然後又說注重健康點少糖，邏輯在那裡？！

　　在泰國，會發現飲料裡面會放很多冰塊，一部分當然是因為天氣很熱，大家喜歡喝冰的；另一個原因則是因為泰國的飲料很甜，冰塊多加一點，融化後喝起來味道就會剛剛好。不過泰國現在也開始流行健康取向，所以，會用天然的果糖取代人工糖漿，但還是很少人會點「少糖」。

　　如果吃東西、喝東西都要先想到很後面會發生的事情，那吃的當下還會開心嗎？花錢會花得值得嗎？或許，很多人為了健康這個結果，而一整個便當只吃幾口，只因為菜太油、雞腿是炸的、米飯是精緻澱粉，但這不是我的邏輯。

　　人只能活在當下，沒辦法活在未來，那就好好享受眼前的食物吧！對我來講，吃東西就是要快樂，喝飲料就是要很多冰塊、很甜，料理就是要夠鹹、夠辣。有人說這樣會生病、不健康，但我不想要想這麼多後果，只想專注於當下吃得快樂！而且我本人也沒有想活那麼久。

　　每個人對健康的定義不一樣，我沒有在顧慮健康，只想享受當下的每一分每一秒，或許將來心態會變也不一定，但現在我覺得這樣很好。如果覺得這樣吃東西不健康，我也不會因為別人的不認同，就開始採取健康飲食。

　　如果真的要追求健康，身體的健康是成就感的來源，那這真的很棒！可是也有一些人為了健康，反而沒有真

的開心或滿足，那意義何在？這時的健康只會讓人不快
樂的生活更延長而已。

別太政治正確

　　很多人都說泰國人很幽默，來台灣後，一比較才覺得
泰國人真的很幽默。我們很習慣自嘲，也會直接亂幫別
人取綽號，但這在台灣可能會被告。像是以前大家都會
直接叫我胖子、娘娘腔，就算長大後，人家還是可能會
這樣講，「欸，胖子」之類的，我們通常聽到都會笑，
要嘛就反笑對方，要嘛就是乾脆拿自己身材當大家的笑
話，我們覺得這很正常。

　　來台灣我發現大家都很政治正確。經常會用比較嚴肅
的角度去看待玩笑，或惡趣味的東西。以泰國近來的
局勢來說好了，泰國有發生街頭抗議事件，原因是什
麼我就不說了，自己去查。警方出動灑水車，向抗議
民眾噴水，在台灣，大家可能會去譴責警察，或去關
心被噴水的人有沒有怎樣，這在泰國也會有，但是也
可能會看到一些拿這種事件開玩笑的人。比方說，如

果我被噴水，我可能就會開始跳 Lady Gaga 的〈Rain on Me〉，是不是很母湯，但泰國人就是這樣，什麼都可以拿來開玩笑。

聽起來好像我們都可以對很多事情大而化之，但其實某方面我覺得這也反映出民眾素質的問題。例如，大家都很習慣拿別人的性取向、身材、外貌開玩笑，講好聽一點是大家很有幽默感、不在乎；但如果從另一個角度看，這就代表泰國人「尊重他人」的意識不高，性別平等教育更是落後，也不會懂得包容跟自己不一樣的人。

只是，倒也不是說嚴肅看待事情不好，但我覺得太過政治正確只會讓自己活得很辛苦，變成凡事都想站在正確的那一方，也會要求自己要符合一切道德規範。

可是人不是黑色也不是白色，人是灰色的。太極端的思想往往只會造成反效果，有時候用惡趣味、玩笑話，或許比較有機會達到想要的效果。更何況道德規範都是人訂的，如果沒有傷害到任何人或影響到任何事，何不跟著自己的意志做決定呢？

台灣人怎麼那麼喜歡跟別人比？

而且我怎麼講都不對，

我如果說自己比較喜歡泰國，

就會叫我滾回去；

我如果說自己比較喜歡台灣，

又要問我喜歡台灣的什麼……

台灣人最愛問泰國人的問題

　　台灣人怎麼這麼愛聊星座？每次認識新的朋友，都要問我什麼星座，到底？我發現很多人甚至已經把這個問題當作開場白了。

　　身為一個不相信星座的人，面對這種話題，有時候會儘量保持禮貌和尊重，不直接跟對方槓起來，可是一直被說是因為什麼星座所以才怎麼樣，聽了很容易一把火上來，超想掐死對方。

　　老娘會是這一幅德行，是因為在成長背景中遭遇的經歷所造成和累積的。更讓人生氣的是，有時候完成了一件事情，就會被說是因為我是這個星座，才會有永不放棄的精神，換作是別的星座，很容易半途而廢，聽完真的很想一巴掌打過去，怎麼可以直接忽略掉我的努力和

認真，把功勞歸因於星座呢？

　　其實我認為，對一些人而言，當他沒辦法解釋或找出原因時，就乾脆拿星座來當作藉口。例如，有些人面對追求的人沒辦法完全符合自己的要求時，就會說兩人星座不合，就是不想承認自己不喜歡對方，也有可能在他的價值觀裡，拒絕別人的好感是負面的行為，才用星座來當幌子。

　　或者，有些人很清楚自己有哪些毛病，但不想承認這些毛病是因為自己「不願意改」的關係。這時候拿星座來當藉口，似乎就可以合理化自己的放縱。**我發現足夠認清自己的人，通常都很少把星座掛在嘴邊，因為他很清楚為什麼自己會是這樣。**

　　但我也可以理解為什麼會有人那麼相信星座，因為星座真的很適合讓不足夠認識自己的人，拿來當作敷衍自己的工具。

　　我相信每個人都不一樣且多元，只是要用星座來分類

人類，實在不符合我的價值觀，而且我認為被貼標籤是一件非常讓人不愉快的事情，所以，我一直秉持著不要有這樣的行為與觀念，可是只因為星座就判斷一個人的為人或性格，不就是一種貼標籤嗎？

台灣人很結果論

我覺得星座也好，迷信也好，宗教也好，都是一種寄託。以宗教來說，什麼人最容易相信宗教？我覺得是迷失自我的時候，當不夠認識自己，以及不接受自己，就會傾向選擇一個虛無飄渺的神，希望祂給人方向、指引，因為自己找不到。

不過說到台灣人相信星座，我倒覺得這是因為台灣人很相信結果論。但大家知道星座是統計學嗎？占星就是把各種星座的人集合起來，瞭解不同星座的人會有什麼樣的人格表現，當這個數據越多，就越能證明特定星座的人普遍會有什麼表現與個性，相信星座，就表示相信人格特質是可以被統計出來的，多數人在這個星座會是什麼樣子，這是結果，如果剛好符合這個結果，就覺得

星座很準。

　如果有人好奇我是什麼星座，怎麼會好奇這種事？我跟大家說，我到現在都還不知道自己的星座是什麼！

　另一件我覺得台灣人很結果論的事是：台灣人吃東西會擔心會不會拉肚子，像是一些看起來比較不乾淨的路邊攤，就算多好吃，大家都會擔心吃了拉肚子而不去吃。可是對泰國人來講，如果會拉肚子，代表這間夠辣，也夠髒，我們在乎的是吃的當下覺得好不好吃，不會去想晚點會不會拉肚子，而且路邊攤之所以叫路邊攤就是因為開在路邊，開在路邊是能多乾淨？

　看到這邊會不會有人開始想要攻擊我了？我先解釋一下我的立場，結果論沒什麼不好，我只是說台灣人很結果論而已，不要那麼敏感，也不要那麼玻璃心好嗎？

不要再問我哪個比較好

　除了問星座，身為一個泰國人，在台灣最常被問的就

是「比較題」。

「你比較喜歡台灣還是泰國？」

「你覺得台灣的食物比較好吃還是泰國？」

「台灣比較熱還是泰國比較熱？」

夠了！每次被問到比較題我就直接翻白眼。台灣人怎麼那麼喜歡跟別人比？而且我怎麼講都不對，我如果說比較喜歡泰國，就會叫我滾回去；我如果說比較喜歡台灣，大家又要問我喜歡台灣的什麼，然後開始說泰國交通很亂、天上都是電線、路邊攤很髒，到底要我怎樣？！

雖然我曾經拍過這支影片，可是每次討論這件事還是很不爽。這下我終於好不容易出書了，所以就想要針對相關議題做出跟進一步的說明。

很多人問我這種比較題，就只是想聽到我說台灣有多好，誇獎台灣食物多好吃、交通多便利、人有多親切，所以，不管我怎麼說，只要沒有說到這些對方想聽到的，對方永遠不會滿意。

說到底，這不就凸顯出台灣人對自身文化的沒自信，需要靠別人的認同來獲得自信心，得要一個泰國人說台灣有多好，才有辦法覺得自己很棒，但是，這不是很奇怪嗎？

要我說泰國，我會說泰國的政府很爛，但是我覺得泰國食物比台灣食物好吃很多，曼谷也比台北繁榮、先進很多，這些我都可以很驕傲地說。而台灣人似乎需要靠比較，確認自己有比對方優越，才能講出這些話。

就如同我前面提到，自己的優秀自己稱讚，自己的瑕疵也自己接受和包容。

我也常被問會不會覺得台灣人很熱情，以我自己的主觀經驗，我覺得台灣人的熱情是要看對象的。如果今天問的對象是日本人、韓國人或西方人，對方肯定會覺得台灣人很熱情。

但今天如果問我這個泰國人，我不覺得台灣人多熱情，很多台灣人會覺得我是來當泰勞的，不會把我當「客

人」看待，自然也就沒有所謂的好客。但這也沒什麼好抱怨，台灣人會對泰國人有這種刻板印象也可以理解，畢竟真的很多泰國勞動者來台灣工作。

當台灣人問我比較喜歡台灣還是泰國時，其實內心就是以一個「上對下」的姿態在發問。怎麼説呢？有人會問一個日本人或韓國人，比較喜歡他們的國家還是台灣嗎？不會吧！因為台灣人知道他們的國家比台灣先進，而也知道泰國是發展中國家，所以會問泰國人比較喜歡台灣還是泰國。當一個人認為對方的國家沒有比自己的國家優秀，説不出什麼好話、自尊心作祟也就在所難免！

但我更傾向在追求這些事情的同時，

應該留一點時間給自己，

讓自己花一兩個小時看劇、玩遊戲，

沒有關係的，沒有人會責怪，

也不用責備自己為什麼浪費時間做這些事……

台灣人真的很努力

我不知道有沒有人覺得自己很努力，我說的努力指的是很多面向，像是努力工作、努力賺錢、努力存錢等等。在我眼中，台灣人做很多事情都很努力。

這讓我想到泰國人的「知足常樂」一說。

很多泰國人覺得人生不用追求太多，錢夠用就好，也不需要強求爬到社會多高的位置。不管是因為宗教信仰、泰國拉瑪九世皇提倡的知足經濟理論，或者媒體的貧窮羅曼史化也罷，以我個人的觀察，這些對泰國人的生活態度產生了很大的影響，泰國人普遍很看重知足的精神。

以我爸來說，他雖然不是走知足路線，小時候我要多

少錢就給多少，但是他也灌輸我們一個想法，人生最重要的事情就是養活自己，不求賺多少錢，或華人常說的「出人頭地」。

只是話說回來，知足是好事，但也因為這股知足的思維盛行，讓泰國人普遍沒什麼上進心，會覺得人生這樣就夠了。反觀台灣，完全不一樣。

我聽說很多台灣人都被灌輸長大就是要賺大錢、買房子、買車，這樣才能成為人生勝利組，所以很多人都朝這個方向努力，包含努力地存錢，如果吃大餐就會良心不安，覺得自己亂花錢，甚至願意為了省錢吃難吃的便當；或努力研究股票，想要從股票買賣中，快速賺到很多的錢。

感覺好累！

對自己好不是罪過

在我眼中，台灣已經做好高齡社會的基本措施，人老

了可以不用那麼擔心，但台灣人仍然拚了命地賺錢、存錢為了養老。泰國人則是不急著賺錢，卻捨得花錢，即使泰國的環境並不是那麼適合這種活一天是一天的生活方式。

不能說誰對誰錯，但我認為**生活環境或條件如果達到某種一定的程度，卻一直追求更高的位置、賺更多的錢、買更好的車或房子，這樣只會讓自己過得很緊繃，因為永遠追求不完，人永遠不會滿足。**

我更傾向在追求這些事情的同時，應該留一點時間給自己，讓自己花一兩個小時看劇、玩遊戲，沒有關係的，沒有人會責怪，也不用責備自己為什麼浪費時間做這些事，而是要想，做這些事情可以讓自己獲得什麼。如果可以讓人稍微放鬆或感到快樂，這樣不好嗎？**我覺得自己知道自己在幹嘛最重要，只有自己清楚自己的時間、金錢用在什麼地方。**

人，有時候不要太政治正確，這樣會把自己逼死。

我曾聽說以前台灣的課本會告訴大家要存錢，養成

儲蓄的好習慣，我個人認為花錢並沒有罪，可是盲目地存錢，只因為遵從著「儲蓄是美德」這樣的框架，一直想讓自己做「良好典範」，我覺得沒有必要，這表示沒有想過怎麼做對自己才是最好的。

努力，要用在對的地方

努力就會有回報，我覺得這句話應該害死很多人。

對我來講，努力不見得有回報，因為努力要看努力在哪裡。如果有人跟我說：「沒關係，你已經很努力了。」我覺得這不是安慰，而是在打我巴掌，這意味著，自己努力在不對的地方。

我小時候就很喜歡看娛樂雜誌或新聞，出社會找的第一份工作是記者，也知道自己不適合跑政治、社會線。所以，我努力地找各種資源跟管道，讓自己可以專心跑娛樂線就好。如果努力地找社會線的資源，要討主管歡心，忽略考量自己的專長，最後去跑社會線卻做得不好，我可以對自己說：「至少我努力過。」嗎？我認為這只

是安慰自己，表示我不夠認識自己。

努力沒有錯，我也覺得人應該要有上進心，這樣社會才會進步。但是努力在不對的地方，就只是浪費時間和精力而已。

半途而廢怎麼會是壞事？

如果我發現自己在做一件事的過程中，已經可以看到未來這件事情是沒有好結果的，那還要不要繼續努力下去？從「人不要半途而廢」這個觀點來看，恐怕有些人明知沒有好結果，卻還是得裝作沒看到而繼續努力，只是因為相信大家說的：努力就會有機會。

很多故事都叫人不要「半途而廢」，可是從什麼時候開始，「放棄」變成一件壞事？如果做這件事情很不快樂，或沒有任何回報，「放棄」不是應該是最好的選擇嗎？為什麼要執著於「努力」這件事，已經努力過，也已經可以看到未來的結局，抓對時間點放棄，可能會是在這整個過程中，所做的最好決定。

在做一件事情前，我通常就會先想有哪幾個發展方向，因為我很討厭做白工。像是念碩士班，還有未來打算念博士班，我都已經想好唸完可以幹嘛，或評估唸了能否畢業。雖然碩士班讓我一度覺得自己無法畢業，可是在那過程中，我非常快樂，因為教授讓我重新建立起邏輯思辯能力，這比起能否拿到碩士學位還要重要，也讓我覺得更加有價值。

博士班，老實說我也沒有把握自己是否可以拿到學位，畢竟碩士班給的震撼教育太強烈了。可是我很確定自己可以享受這個過程，這對我來說就是一種收穫，至於能否順利畢業根本不是重點，能不能拿到學位也不重要，我要的，從來就不是這個。

逃避真的不可恥，放棄也沒有錯，對自己好一點吧。

為什麼講話只能有一種情緒？

我只是沒情緒，不代表我在生氣，

或許會覺得我很不「客氣」，

但我才覺得奇怪，為什麼要客氣？

我跟對方非親非故，為什麼要對人客氣？

我沒有在生氣！

我沒有在生氣！

台灣人不太會拒絕別人

如果不想，就說不要；如果不喜歡，就直接拒絕，對我來講，這是很理所當然的事情。但是來台灣後，這件事情給我滿大的文化衝擊。

有一次跟同學去吃麻辣鍋，快吃完時，店員拿了帳單過來，同時也遞給我們一張問卷，問我們：「請問方便幫我填一下問卷嗎？」我回她：「不方便。」同學們頓時安靜，然後馬上幫我講話，也趕緊從店員手上接過問卷，跟她說我們會幫她填，還數落我的不是，說我怎麼可以這樣回答服務生。我就覺得很奇怪，為何不能直接跟店員說不方便？

　　事後那些同學說，台灣人不會直接說不方便，就算真的不想填也不會直接拒絕，而是會說：「好，你先放著。」「好，我們晚點填。」我說可是這樣到時服務生來收桌子，看到問卷沒填，不會覺得被欺騙嗎？他們都說不會，因為大家都這樣。我把這個事情拿去問其他認識的台灣人，很多人的想法跟我的同學是一致的，真的讓我大開眼界。

　　對我來講，我只是就她問我的話，直接回答，她問我方不方便，我基本上就只有兩種回答，「方便」或「不方便」，那我選擇回答「不方便」，這跟她是服務生沒有關係，她的服務態度很棒，也並沒有對她不滿，但我就純粹想好好跟朋友聊天，不想幫她填問卷，這聽起來並沒有問題呀！而因為我不帶情緒的回答，在旁人聽起來像是很不屑或很沒禮貌，但我其實並沒有任何情緒，我只是覺得不要就是不要，為什麼還要講一堆有的沒有的？

　　日後我才發現，原來台灣人很不擅長拒絕別人，因為大家都不想當「壞人」，怕辜負別人的好意或請求，覺得拒絕是一件十惡不赦的事情。如果收到自己很不喜歡

吃的東西，為了對方的面子也會吞下去；就算是很不想
做的事也會硬著頭皮去做。我覺得這樣好累，為什麼要
一直配合別人。

很奇怪的是，大家都急著當好人，不想得罪不熟的服
務生，但是莫名其妙批評我，卻不擔心得罪我，這種邏
輯我怎麼想都想不通，我才是大家認識的人，該擔心得
罪的人應該是老娘吧！

有沒有情緒都是別人的解讀

同學說我直接回覆不方便，很沒禮貌，但是我並不是
說：「走開，我不要填！」我只是就她問我的話回她而
已，而且服務生幫我倒水送餐，我也都會說謝謝，這是
沒禮貌嗎？如果只是因為我的回答不是對方想聽到的方
式，那應該不是我的問題吧。

就像我的影片，大多都以激動講話的樣子呈現在大家
面前，就有不少網友回覆「好好講話就好，幹嘛生氣
啊？」「沒事幹嘛那麼激動！」「心平氣和講話很難

嗎？」這類的言論。

　　首先，我沒有生氣。激動地講話只是我的一種表達方式，或要解讀成表演方式也可以，畢竟這就是個網路影片而已，如果這樣的表達方式讓人覺得我在生氣，那也只是因為別人覺得我在生氣。而就算今天我特地拍一支影片，告訴觀眾我沒有生氣，我想還是有人會覺得我在生氣。

　　而且為什麼講話只能有一種情緒？就像我前面説的填問卷事件，我只是沒情緒，不代表我在生氣，或許有人會覺得我很不「客氣」，但我覺得奇怪，為什麼非得客氣不可？我跟對方非親非故，為什麼要客氣？這也是我覺得很有趣的地方，我以為只在泰國才會有這種事，普遍泰國人對熟人都會很不客氣，但對不熟的人反而很客氣，這不是很奇怪嗎？重要的應該是熟的那個人啊！不熟的人我幹嘛那麼在乎。

　　我覺得**人看事情不能被情緒牽著走，應該把重點放在內容，如果把我影片的情緒抽掉，聽我講的內容，再來**

跟我爭論，我很歡迎，可是指責我的情緒有問題，我就不明白了，因為我的情緒跟別人沒關係啊！

曾經有人問我為什麼拍影片要那麼激動，我心裡想：「你還不是看完了嗎？」

大家都遲到

說到時間觀念，如果跟一個泰國人約中午 12 點見面，通常見到面時已經下午 2 點，這就是泰國人的日常。

我從小生長在華人家庭，爸爸是華人，大學讀的是華僑學校，主修中文，還到中國當交換學生；但另一方面，我也是個泰國人，我喜歡泰國食物。從小我被爸爸建立的觀念是要準時，比如說我跟朋友約 2 點要見面，但 1 點半還在家裡，爸爸就會提醒我是不是該出門了。

在網路上流傳一篇關於泰國人時間觀念的文章，如果跟泰國人約吃飯或見面，打電話問他在哪裡，「剛洗完

澡」的意思是，老娘在接電話的前一秒才剛被打來的鈴聲叫醒；「在路上了」的意思是剛準備洗澡；「我快到了」是剛出門；「你先吃吧」是老娘沒有要去了！

一開始遇到遲到的人，我會生氣，等朋友們紛紛到齊，我會一個一個罵過一輪，但久而久之，我會覺得生氣也只是氣到自己，他們一樣不痛不癢，下次依舊遲到，而且我的時間就這麼浪費掉了，那我幹嘛生氣？

雖然大家都會遲到，但我沒有因此就跟大家一樣，可能從小就被教育要準時，所以，我都會按到約定的時間抵達，如果朋友還沒來，我就去做自己的事，像是逛街、吃東西什麼的，等大家到了，再一起行動。

不管是因為什麼因素促成，我覺得泰國遲到的風氣已經是一種普遍的習慣，不只朋友之間，就連老師、校長、政府官員都會遲到，我記得當初大學畢業典禮，我們很早就去禮堂彩排，原定是上午 11 點開始，結果我們等到下午 3 點。平時老師上課也會遲到，校長致詞也會遲到，由上到下，每個人都會遲到。

　　還有一次更誇張的，就在這幾年，有一場跨性別大遊行在曼谷舉行，原定上午 8 點開始遊行，警察好像 6、7 點就去現場就位，準備要維護秩序，結果遊行下午 3 點才開始！警察等到臉都曬傷了。我跟朋友説，警察很有事，難道不知道人妖最會遲到嗎？在泰國，大家會開玩笑説跨性別女性更常遲到，因為愛漂亮，要打扮很久，而且會覺得自己很大牌要晚點到，也常常拿這件事來酸彼此。

　　華人社會跟泰國的差別，讓我有相當明顯的感受，像是台灣，大家普遍都很準時，有時候不小心遲到個 5 分鐘還是 10 分鐘，就會很著急地一直道歉，但因為我已經在泰國被訓練得很好，面對這種幾分鐘的遲到，我根本不覺得是遲到，而且我也是做我自己的事，沒有乾等別人。

　　所以，我都會跟對方説沒關係，其實講什麼理由我都不在乎，也不用一直道歉，只是台灣人還是會一直道歉，我心想是要我生氣才甘願嗎？

　　這是我來台灣最不習慣的事情之一，台灣人實在是太有禮貌了，動不動就說對不起、不好意思，好像一定要獲得別人的原諒或認可才會心安，這樣做才能成為稱職的「好人」。

　　遲到不是好的習慣，為之道歉也是應該，但換個角度想，當我接受對方的歉意之後，倘若對方還是一直重複道歉的話，除了覺得對方聽不懂人話之外，我還會覺得，對方是不是覺得我的脾氣很差、很難搞呢？換言之，努力保持自己「好人」的形象，卻逼對方擔任「壞人」的角色，這樣反而比遲到更讓人覺得不舒服。

結語

結語

以上內容皆為個人主觀想法，

請不要一味的認同，

因為我很享受與眾不同。

不被認同
才／與眾不同。

作　　者／Alizabeth 娘娘（林正輝）
主　　編／王俞惠
行銷企劃／王綾翊
撰　　文／艾　格
封面攝影／王晨熙
封面裝幀／蕭旭芳
內文版型／evian
內頁排版／唯翔工作室
服裝造型／吳羽函
髮妝造型／魏孝純、魏大展
服裝贊助／Unkechi
協　　力／量子娛樂

第五編輯部總監／梁芳春
董事長／趙政岷
出版者／時報文化出版企業股份有限公司
108019台北市和平西路三段240號7樓
發行專線／（02）2306-6842
讀者服務專線／0800-231-705、（02）2304-7103
讀者服務傳真／（02）2304-6858
郵撥／1934-4724時報文化出版公司
信箱／10899 臺北華江橋郵局第99信箱
時報悅讀網／www.readingtimes.com.tw
電子郵件信箱／yoho@readingtimes.com.tw
法律顧問／理律法律事務所 陳長文律師、李念祖律師
印　　刷／勁達印刷有限公司
初版一刷／2020年12月25日
定　　價／新台幣420元

時報文化出版公司成立於一九七五年，並於一九九九年股票上櫃公開發行，
於二〇〇八年脫離中時集團非屬旺中，以「尊重智慧與創意的文化事業」為信念。

不被認同才與眾不同／Alizabeth娘娘(林正輝)著.
-- 初版. -- 臺北市：時報文化, 2020.12
248面 ;14.8×21公分
ISBN 978-957-13-8501-3(平裝)
1.人生哲學 2.自我肯定　191.9　109020022